Marlon Possard (Hrsg.)

WTBG 2017

(Wirtschaftstreuhandberufsgesetz 2017)

Gesetzesstand: 16.06.2025

3. Auflage

Bibliografische Information der Deutschen Nationalbibliothek: Die Deutsche Nationalbibliothek verzeichnet diese Publikation in der Deutschen Nationalbibliografie; detaillierte bibliografische Daten sind im Internet über http://dnb.dnb.de abrufbar.

© Stand: 16.06.2025 | 3. Auflage | Marlon Possard (Hrsg.)

**Verlag: BoD · Books on Demand GmbH,
Überseering 33, 22297 Hamburg, bod@bod.de**

**Druck: Libri Plureos GmbH,
Friedensallee 273, 22763 Hamburg**

ISBN: 978-3-8192-1287-1

Wichtiger Hinweis zur Publikation: Im vorliegenden Buch finden sich ausschließlich österreichische Gesetzestexte, die für die breite Öffentlichkeit über das Rechtsinformationssystem (RIS) des Bundes abrufbar sind. Gemäß den Bestimmungen des österreichischen Urheberrechtsgesetzes unterliegen die in diesem Buch verwendeten Unterlagen der freien Werknutzung.

INHALT

Teil 1: Berufsrecht (§§ 1 bis 125)......................18

1. Hauptstück (§§ 1 bis 7).........................18

(Wirtschaftstreuhandberufe – Berechtigungsumfang)

2. Hauptstück (§§ 8 bis 50).......................30

(Natürliche Personen)

3. Hauptstück (§§ 51 bis 70)......................55

(Gesellschaften)

4. Hauptstück (§§ 71 bis 105).....................65

(Rechte und Pflichten)

5. Hauptstück (§§ 106 bis 123) 109

(Suspendierung – Endigung – Verwertung)

6. Hauptstück (§§ 124 bis 125)...................118

(Verwaltungsübertretungen)

<u>Teil 2:</u> Disziplinarrecht (§§ 126 bis 150)....................119

1. Hauptstück (§§ 126 bis 128)...........................…119

(Allgemeine Bestimmungen – Berufsvergehen)

2. Hauptstück (§§ 129 bis 150)..........................…122

(Disziplinarverfahren)

<u>Teil 3:</u> Berufliche Vertretung – Kammer der Wirtschaftstreuhänder (§§ 151 bis 234)....................131

1. Hauptstück (§§ 151 bis 185)...........................…131

(Allgemeines)

2. Hauptstück (§§ 186 bis 234)..........................….158

(Wahlen)

<u>Teil 4:</u> Übergangs- Schlussbestimmungen (§§ 235 bis 240)...187

Bundesgesetz über die Wirtschaftstreuhandberufe

(Wirtschaftstreuhandberufsgesetz 2017 – WTBG 2017)

StF: BGBl. I Nr. 137/2017
(NR: GP XXV RV 1669 AB 1756 S. 190. BR: 9830 AB 9870 S. 870.)
[CELEX-Nr.: 32006L0043, 32014L0056, 32015L0849]

Änderungen:

- **BGBl. I Nr. 32/2018** (NR: GP XXVI RV 65 AB 97 S. 21. BR: 9947 AB 9956 S. 879.) [CELEX-Nr.: 32016L0680]

- **BGBl. I Nr. 46/2019** (NR: GP XXVI RV 508 AB 583 S. 70. BR: AB 10162. S. 892.)

- **BGBl. I Nr. 104/2019** (NR: GP XXVI IA 985/A AB 692 S. 88. BR: AB 10252 S. 897.)

- **BGBl. I Nr. 32/2020** (NR: GP XXVII IA 441/A AB 144 S. 27. BR: AB 10310 S. 906.)

- **BGBl. I Nr. 67/2020** (NR: GP XXVII RV 107 AB 278 S. 45. BR: AB 10378 S. 910.) [CELEX-Nr. 32009L0138, 32013L0036, 32015L0849, 32018L0843]

- **BGBl. I Nr. 141/2020** (NR: GP XXVII IA 1113/A AB 592 S. 69. BR: AB 10513 S. 916.)

- **BGBl. I Nr. 139/2021** (NR: GP XXVII IA 1751/A AB 986 S. 117. BR: AB 10723 S. 928.)

- **BGBl. I Nr. 240/2021** (NR: GP XXVII IA 2092/A AB 1213 S. 135. BR: AB 10845 S. 936.)

- **BGBl. I Nr. 113/2022** (NR: GP XXVII IA 2648/A AB 1566 S. 167. BR: AB 11060 S. 943.)

- **BGBl. I Nr. 232/2022** (NR: GP XXVII IA 3011/A AB 1895 S. 189. BR: AB 11160 S. 949.)

- **BGBl. I Nr. 42/2023** (NR: GP XXVII RV 1947 AB 1961 S. 207. BR: AB 11214 S. 952.)

- **BGBl. I Nr. 86/2024** (NR: GP XXVII IA 4070/A AB 2679 S. 270. BR: 11521 AB 11545 S. 969.)

- **BGBl. I Nr. 150/2024** (NR: GP XXVIII IA 3/A AB 7 S. 3. BR: AB 11609 S. 972.)

Vorwort

Mit Freude darf ich die nunmehr dritte Auflage der Gesetzessammlung zum Wirtschaftstreuhandberufsgesetz 2017 (WTBG 2017) vorlegen. Die seit der Vorauflage eingetretenen Entwicklungen – sowohl gesetzlicher als auch praxisbezogener Natur – machten eine Überarbeitung und Aktualisierung erforderlich. Die rasante Dynamik im Bereich der Wirtschaftstreuhandberufe und der damit einhergehenden rechtlichen Rahmenbedingungen zeigen einmal mehr, wie zentral fundiertes rechtliches Wissen für die tägliche Praxis geworden ist.

Seit Inkrafttreten des WTBG 2017 hat sich das Berufsbild der Wirtschaftstreuhänder:innen stark gewandelt. Digitalisierung, neue Standards im Bereich Compliance, verstärkte internationale Zusammenarbeit, aber auch das zunehmende Bewusstsein für ethische und gesellschaftliche Verantwortung haben das Tätigkeitsfeld wesentlich erweitert. Parallel dazu wurden auch die Anforderungen an Aus- und Weiterbildung, Qualitätssicherung sowie Berufsaufsicht verschärft und angepasst. Jüngste Novellierungen, insbesondere im Zusammenhang mit der Geldwäscheprävention und der Nachhaltigkeitsberichterstattung, zeigen klar auf, dass rechtliche Orientierung keine akademische Randnotiz ist, sondern ein zentrales Werkzeug professioneller Berufsausübung darstellt.

Gerade in Zeiten wachsender regulatorischer Komplexität und gestiegener Erwartungen an Transparenz, Integrität und Qualität wird der sichere Umgang mit den gesetzlichen Grundlagen zum entscheidenden Faktor beruflicher Verantwortung und Wettbewerbsfähigkeit. Die Auseinandersetzung mit den rechtlichen Rahmenbedingungen darf dabei nicht als lästige Pflicht empfunden werden, sondern als wesentlicher Bestandteil eines professionellen Selbstverständnisses. Nur wer seine rechtliche Position kennt, kann diese auch aktiv gestalten und verteidigen.

Wien, im Juni 2025

Marlon Possard

Der Nationalrat hat beschlossen:

Inhaltsverzeichnis

1. Teil
Berufsrecht

1. Hauptstück
Wirtschaftstreuhandberufe – Berechtigungsumfang

§ 1. Wirtschaftstreuhandberufe
§ 2. Berechtigungsumfang – Steuerberater
§ 3. Berechtigungsumfang – Wirtschaftsprüfer
§ 4. Berechtigungsumfang – Sonstiges
§ 5. Öffentliche Bestellung – Anerkennung
§ 6. Dienstleistungen
§ 7. Niederlassung

2. Hauptstück
Natürliche Personen
1. Abschnitt
Allgemeines

§ 8. Voraussetzungen
§ 9. Besondere Vertrauenswürdigkeit
§ 10. Geordnete wirtschaftliche Verhältnisse
§ 11. Vermögensschaden-Haftpflichtversicherung
§ 12. Berufssitz

2. Abschnitt
Prüfungen – Zulassung

§ 13. Zulassungsvoraussetzungen – Fachprüfung
§ 14. Antragstellung
§ 15. Entscheidung über die Antragstellung
§ 16. Nichtigkeit
§ 17. Einladung zum ersten Prüfungsteil
§ 18. Prüfungsantritt – Rücktritt
§ 19. Prüfungsgebühr
§ 20. Verfall von Teilprüfungen

3. Abschnitt
Prüfungen – Steuerberater und Wirtschaftsprüfer

§ 21. Fachprüfungen
§ 22. Schriftlicher Prüfungsteil
§ 23. Mündlicher Prüfungsteil

4. Abschnitt
Prüfungsausschuss

§ 24. Allgemeines
§ 25. Prüfungsausschuss – Zusammensetzung
§ 26. Unabhängigkeit
§ 27. Zurücklegung – Enthebung
§ 28. Entschädigung
§ 29. Kanzleigeschäfte

5. Abschnitt
Prüfungsverlauf – Prüfungsbeurteilungen

§ 30.   Sprache – Auswertung – Öffentlichkeit
§ 31.   Klausurarbeit
§ 32.   Reihenfolge der Prüfungen
§ 32a. Schriftlicher Prüfungsteil – Durchführung auf
        elektronischem Weg
§ 33.   Wiederholungen – Klausurarbeit
§ 33a. Videokonferenzsysteme
§ 33b. Barrierefreiheit
§ 34.   Mündlicher Prüfungsteil – Beurteilung
§ 35.   Niederschrift
§ 36.   Wiederholungen – Mündlicher Prüfungsteil
§ 37.   Prüfungsergebnis – Verkündung
§ 38.   Prüfungszeugnisse – Bestätigungen
§ 39.   Prüfungsordnung

6. Abschnitt
Berufsanwärter

§ 40. Voraussetzungen
§ 41. Anmeldung
§ 42. Anmeldung – Bescheid

7. Abschnitt
Bestellungsverfahren

§ 43. Antrag auf öffentliche Bestellung
§ 44. Gleichhaltung von Praxiszeiten
§ 45. Anrechnungszeiten
§ 46. Anspruch auf öffentliche Bestellung
§ 47. Öffentliche Bestellung – Eintragung
§ 48. Beeidigung – Gelöbnis
§ 49. Versagung der öffentlichen Bestellung
§ 50. Nichtigkeit

3. Hauptstück
Gesellschaften
1. Abschnitt
Wirtschaftstreuhandgesellschaften

§ 51. Voraussetzungen
§ 52. Geschäftsführung und Vertretung nach außen
§ 53. Aufteilung der Gesellschaftsanteile und Stimmrechte
§ 54. Gesellschaftsformen
§ 55. Firma
§ 56. Gesellschafter
§ 57. Förmlicher Bestätigungsvermerk
§ 58. Aufsichtsrat

2. Abschnitt
Interdisziplinäre Zusammenarbeit

§ 59. Voraussetzungen
§ 60. Andere berufliche Tätigkeiten
§ 61. Gesellschaftsformen
§ 62. Firma
§ 63. Gesellschafter
§ 64. Sonstige Bestimmungen

3. Abschnitt
Anerkennungsverfahren

§ 65. Antrag auf Anerkennung
§ 66. Anspruch auf Anerkennung
§ 67. Anerkennung
§ 68. Versagung der Anerkennung

§ 69. Nichtigkeit
§ 70. Eintragung – Verlautbarung

4. Hauptstück
Rechte und Pflichten

1. Abschnitt
Allgemeine Bestimmungen

§ 71. Allgemeines
§ 72. Ausübungsrichtlinien
§ 73. Berufsbezeichnungen
§ 74. Zweigstellen
§ 75. Ausgelagerte Abteilungen
§ 76. Schlichtungsverfahren
§ 77. Aufträge und Bevollmächtigung
§ 78. Interdisziplinäre Zusammenarbeit –
Werkverträge
§ 79. Andere Tätigkeiten
§ 80. Verschwiegenheitspflicht
§ 81. Stellvertretung – Bestellungsberechtigung
§ 82. Stellvertretung – Bestellungsverpflichtung
§ 83. Erfüllungsgehilfen
§ 84. Provisionen – Provisionsvorbehalt
§ 85. Ruhen der Befugnis
§ 86. Weitere Meldepflichten

2. Abschnitt
Maßnahmen zur Verhinderung der Geldwäsche und der
Terrorismusfinanzierung

§ 87. Allgemeines – Begriffsbestimmungen
§ 88. Risikobasierter Ansatz
§ 89. Sorgfaltspflichten gegenüber Auftraggebern
auslösende Umstände
§ 90. Umfang der Sorgfaltspflichten gegenüber
Auftraggebern
§ 91. Zeitliche Maßgaben für Sorgfaltspflichten
gegenüber Auftraggebern
§ 92. Nichterfüllbarkeit von Sorgfaltspflichten
gegenüber Auftraggebern
§ 93. Vereinfachte Sorgfaltspflichten gegenüber
Auftraggebern
§ 94. Verstärkte Sorgfaltspflichten gegenüber
Auftraggebern

§ 95. Ausführung durch Dritte
§ 96. Meldepflichten
§ 97. Verbot der Informationsweitergabe
§ 98. Dokumentations- und Aufbewahrungspflichten
§ 99. Innerorganisatorische Maßnahmen
§ 100. Hinweisgebersystem
§ 101. Aufsicht
§ 102. Prüfungen
§ 103. Experten
§ 104. Risikobasierter Ansatz der Aufsicht
§ 105. Maßnahmen-Sanktionen

5. Hauptstück
Suspendierung – Endigung – Verwertung

1. Abschnitt
Suspendierung

§ 106. Voraussetzungen
§ 107. Aufhebung der Suspendierung
§ 108. Veröffentlichung

2. Abschnitt
Erlöschen der Berechtigung

§ 109. Allgemeines
§ 110. Verzicht
§ 111. Widerruf der öffentlichen Bestellung
§ 112. Widerruf der Anerkennung
§ 113. Streichung – Veröffentlichung

3. Abschnitt
Verwertung

§ 114. Fortführungsrecht
§ 115. Ehegatten
§ 116. Eingetragene Partner
§ 117. Kinder
§ 118. Gemeinsames Fortführungsrecht
§ 119. Antrag auf Genehmigung
§ 120. Genehmigung
§ 121. Endigung des Fortführungsrechts –
       Kanzleiübernahme

§ 122. Verwertung des Klientenstockes
§ 123. Liquidator

6. Hauptstück
Verwaltungsübertretungen

§ 124. Strafbestimmungen
§ 125. Informationspflichten

2. Teil
Disziplinarrecht
1. Hauptstück
Allgemeine Bestimmungen – Berufsvergehen

§ 126. Verantwortlichkeit – Gesellschaften
§ 127. Strafarten
§ 128. Berufsvergehen

2. Hauptstück
Disziplinarverfahren

§ 129. Disziplinarrat-Senat
§ 130. Disziplinarrat
§ 131. Bestellung der Mitglieder
§ 132. Bestellungs- und Ausübungshindernisse –
        Ausschließung – Befangenheit – Widerruf der
        Bestellung
§ 133. Zurücklegung der Funktion
§ 134. Nachbestellung von Mitgliedern
§ 135. Ersatz der Barauslagen
§ 136. Geschäftsführung – Aufsicht
§ 137. Kammeranwalt – Aufgaben
§ 138. Anzeige und Verteidigung
§ 139. Einleitung des Disziplinarverfahrens
§ 140. Untersuchungskommissär – Aufgaben
§ 141. Untersuchung
§ 142. Abschluss der Untersuchung
§ 143. Mündliche Verhandlung
§ 144. Beschlussfassung – Erkenntnis
§ 145. Protokoll
§ 146. Verkündung und Zustellung des Erkenntnisses

§ 147. Zustellung
§ 148. Verfahrenskosten
§ 149. Vollstreckung der Erkenntnisse
§ 150. Anwendung anderer Vorschriften

3. Teil
Berufliche Vertretung – Kammer der Wirtschaftstreuhänder

1. Hauptstück
Allgemeines
1. Abschnitt
Einrichtung – Aufgaben – Organe

§ 151. Zweck
§ 152. Aufgaben
§ 153. Organe
§ 154. Präsident
§ 155. Vizepräsidenten
§ 156. Präsidium
§ 157. Vorstand
§ 158. Berufsgruppenobmänner
§ 159. Ausschüsse
§ 160. Landesstellen
§ 161. Kammertag
§ 162. Rechnungsprüfer
§ 163. Ausübung der Funktion
§ 164. Verlust der Funktion
§ 165. Bestellung von Wirtschaftstreuhändern als Verfahrenshelfer

2. Abschnitt
Kammeramt

§ 166. Einrichtung – Aufgaben
§ 167. Kammeramt – Personal
§ 168. Dienstordnung
§ 169. Geschäftsordnung

3. Abschnitt
Mitgliedschaft

§ 170. Ordentliche und außerordentliche Mitglieder
§ 171. Beginn und Endigung der Mitgliedschaft
§ 172. Pflichten der Mitglieder
§ 173. Verzeichnis der Mitglieder
§ 174. Zurückstellung von Urkunden

4. Abschnitt
Gebarung – Haushalt – Umlagen

§ 175. Gebarung
§ 176. Jahresvoranschlag
§ 177. Jahresabschluss
§ 178. Haushaltsordnung – Umlagenordnung
§ 179. Eintreibung von Forderungen
§ 180. Vorsorgeeinrichtungen

5. Abschnitt
Sonstige Bestimmungen

§ 181. Aufsicht
§ 182. Wechselseitige Hilfeleistungspflichten
§ 183. Datenschutz
§ 184. Verschwiegenheitspflicht
§ 185. Europäische Verwaltungszusammenarbeit

2. Hauptstück
Wahlen

1. Abschnitt
Kosten – Wahlordnung

§ 186. Kosten
§ 187. Wahlordnung

2. Abschnitt
Wahl in den Kammertag

§ 188. Allgemeine Grundsätze
§ 189. Funktionsperiode des Kammertages
§ 190. Anordnung der Wahl
§ 191. Wahlkreise
§ 192. Aufteilung der Mandate auf die Wahlkreise

§ 193. Aktives Wahlrecht
§ 194. Passives Wahlrecht
§ 195. Hauptwahlkommission – Bestellung
§ 196. Hauptwahlkommission – Aufgaben
§ 197. Kreiswahlkommissionen – Bestellung
§ 198. Kreiswahlkommissionen – Aufgaben
§ 199. Wahlkommissionen – Bestellung
§ 200. Wahlkommissionen – Ausübung der Funktion
§ 201. Sitzungen der Wahlkommissionen
§ 202. Geschäftsstellen der Wahlkommissionen
§ 203. Vertrauenspersonen
§ 204. Ausschreibung der Wahl – Wahlkundmachung
§ 205. Wählerlisten
§ 206. Wahlvorschläge
§ 207. Prüfung der Wahlvorschläge
§ 208. Kundmachung der Wahlvorschläge
§ 209. Wahlkuvert – Stimmzettel – Stimmabgabe
§ 210. Abstimmungsverfahren
§ 211. Stimmenzählung
§ 212. Ermittlungsverfahren
§ 213. Einspruchsverfahren
§ 214. Verständigung
§ 215. Nachbesetzung
§ 216. Konstituierung des Kammertages

3. Abschnitt
Wahl des Vorstandes

§ 217. Funktionsperiode des Vorstandes
§ 218. Leitung
§ 219. Wahlrecht
§ 220. Wahlvorschläge
§ 221. Wahlverfahren
§ 222. Einspruchsverfahren
§ 223. Nachbesetzung
§ 224. Konstituierung des Vorstandes

4. Abschnitt
Wahl des Präsidiums

§ 225. Funktionsperiode des Präsidiums
§ 226. Leitung
§ 227. Wahlrecht
§ 228. Wahlvorschläge

§ 229. Wahlverfahren
§ 230. Einspruchsverfahren
§ 231. Übernahme der Amtsgeschäfte
§ 232. Nachbesetzung

5. Abschnitt
Sonstige Wahlbestimmungen
§ 233. Fristenlauf
§ 234. Zustellungen

4. Teil
Übergangs- Schlussbestimmungen
§ 235. Sprachliche Gleichbehandlung
§ 236. Verweisungen
§ 237. Erlassen von Verordnungen
§ 238. Inkrafttreten; Außerkrafttreten
§ 239. Übergangsbestimmungen-
Wirtschaftstreuhandberufsgesetz
§ 239a. Sonderregelungen – COVID-19
§ 240. Vollziehung

1. Teil

Berufsrecht

1. Hauptstück
Wirtschaftstreuhandberufe – Berechtigungsumfang

Wirtschaftstreuhandberufe

§ 1. (1) Wirtschaftstreuhandberufe sind folgende Berufe:
1. Wirtschaftsprüfer und
2. Steuerberater.

(2) Die Wirtschaftstreuhandberufe sind freie Berufe.

Berechtigungsumfang – Steuerberater

§ 2. (1) Den zur selbständigen Ausübung des Wirtschaftstreuhandberufes Steuerberater Berechtigten ist es vorbehalten, folgende Tätigkeiten auszuüben:

1. die Beratung und Hilfeleistung auf dem Gebiet des Abgabenrechts und der Rechnungslegung,
2. die pagatorische Buchhaltung (Geschäftsbuchhaltung) einschließlich der Lohnverrechnung sowie die kalkulatorische Buchhaltung (Kalkulation),
3. die Beratung auf dem Gebiet des Bilanzwesens und der Abschluss unternehmerischer Bücher,
4. die Vertretung in Abgabe- und Abgabestrafverfahren für Bundes-, Landes- und Gemeindeabgaben und in Beihilfeangelegenheiten vor den Finanzbehörden, dem Amt für Betrugsbekämpfung, den übrigen Gebietskörperschaften und den Verwaltungsgerichten sowie bei allen Amtshandlungen, die von Organen des Amtes für Betrugsbekämpfung im Rahmen der ihnen übertragenen finanzpolizeilichen Aufgaben und Befugnisse (§ 3 Z 2 lit. e und lit. i des Bundesgesetzes über die Schaffung eines Amtes für Betrugsbekämpfung) gesetzt werden, davon ausgenommen Maßnahmen im Dienste der Strafrechtspflege gemäß § 6 des Sozialbetrugsbekämpfungsgesetzes, BGBl. I Nr. 113/2015, sowie die Vertretung in Angelegenheiten des COVID-19-Förderungsprüfungsgesetzes (CFPG), BGBl. I Nr. 44/2020,
5. die Durchführung von Prüfungsaufgaben, die nicht die Erteilung eines förmlichen Bestätigungsvermerkes, das sind Prüfungsaufgaben ohne Zusicherungsleistung eines unabhängigen Prüfers, erfordern, und eine diesbezügliche schriftliche Berichterstattung und
6. die Erstattung von Sachverständigengutachten auf den Gebieten des Buchführungs- und Bilanzwesens, des Abgabenrechts und auf jenen Gebieten, zu deren fachmännischer Beurteilung Kenntnisse des Rechnungswesens oder der Betriebswirtschaftslehre erforderlich sind.

(2) Die zur selbständigen Ausübung des Wirtschaftstreuhandberufes Steuerberater Berechtigten sind weiters berechtigt, folgende Tätigkeiten auszuüben:
1. sämtliche Beratungsleistungen im Zusammenhang ihres Berechtigungsumfanges gemäß Abs. 1,
2. sämtliche Beratungsleistungen und Tätigkeiten im Zusammenhang mit dem betrieblichen

Rechnungswesen und die Beratung betreffend Einrichtung und Organisation des internen Kontrollsystems,

3. die Beratung und Vertretung in Beitrags-, Versicherungs- und Leistungsangelegenheiten der Sozialversicherungen, einschließlich der Vertretung vor den Verwaltungsgerichten,

4. die Sanierungsberatung, insbesondere die Erstellung von Sanierungsgutachten, Organisation von Sanierungsplänen, Begutachtung von Sanierungsplänen und die begleitende Kontrolle bei der Durchführung von Sanierungsplänen,

5. die Beratung und Vertretung vor gesetzlich anerkannten Kirchen und Religionsgemeinschaften in Beitragsangelegenheiten,

6. die Vertretung in Angelegenheiten der Kammerumlagen gegenüber den gesetzlichen Interessenvertretungen,

7. die Übernahme von Treuhandaufgaben und die Verwaltung von Vermögenschaften mit Ausnahme der Verwaltung von Gebäuden,

8. die Beratung in arbeitstechnischen Fragen,

9. die Beratung und Vertretung in Abgaben- und Abgabenstrafverfahren sowie in Angelegenheiten der Z 3 vor dem Verwaltungsgerichtshof, wobei sie in diesem Verfahren Schriftsätze gemäß § 24 Abs. 2 und Anträge gemäß § 30 Abs. 2 des Verwaltungsgerichtshofgesetzes 1985, BGBl. Nr. 10/1985, auch mit ihrer Unterschrift versehen dürfen,

10. die Tätigkeit als Mediator, wenn sie in die Liste der Mediatoren nach dem Zivilrechts-Mediations-Gesetz (ZivMediatG), BGBl. I Nr. 29/2003, eingetragen sind.

(3) Die zur selbständigen Ausübung des Wirtschaftstreuhandberufes Steuerberater Berechtigten sind weiters berechtigt, folgende Tätigkeiten, soweit diese mit den für den gleichen Auftraggeber durchzuführenden wirtschaftstreuhänderischen Arbeiten unmittelbar zusammenhängen, auszuüben:

1. die Beratung in Rechtsangelegenheiten sowie die Errichtung einfacher und standardisierter,

formulармäßig gestalteter Verträge betreffend Arbeitsverhältnisse jeglicher Art,

2. die Beratung und Vertretung in allen Verwaltungsverfahren, in Verwaltungsstrafverfahren jedoch nur wegen Verletzung arbeits- und sozialrechtlicher Verpflichtungen, bei den Einrichtungen des Arbeitsmarktservice, der Berufsorganisationen, der Landesfremdenverkehrsverbände und bei anderen in Wirtschaftsangelegenheiten zuständigen Behörden und Ämtern, einschließlich der Vertretung vor den Verwaltungsgerichten sowie Gerichten in Angelegenheiten des § 11 des Firmenbuchgesetzes, BGBl. Nr. 10/1991, beschränkt auf die Anmeldungen, die die für Zustellungen maßgebliche Geschäftsanschrift sowie die Adresse der Internetseite betreffen, sowie bezüglich der Veröffentlichung von Jahresabschlüssen und der Abgabe von Drittschuldnererklärungen für Auftraggeber, und

3. die Beratung und Vertretung in Angelegenheiten des Registers der wirtschaftlichen Eigentümer einschließlich der Meldung des wirtschaftlichen Eigentümers auf der Basis der Angaben ihrer Mandanten und der Feststellung und Überprüfung des wirtschaftlichen Eigentümers im Auftrag ihrer Mandanten.

Berechtigungsumfang – Wirtschaftsprüfer

§ 3. (1) Den zur selbständigen Ausübung des Wirtschaftstreuhandberufes Wirtschaftsprüfer Berechtigten ist die Ausübung jener wirtschaftstreuhänderischen Arbeiten vorbehalten, die eine Zusicherungsleistung eines unabhängigen Prüfers erfordern, insbesondere jene, auf die in anderen Gesetzen mit der ausdrücklichen Bestimmung hingewiesen wird, dass sie nur von Wirtschaftsprüfern gültig ausgeführt werden können.

(2) Die zur selbständigen Ausübung des Wirtschaftstreuhandberufes Wirtschaftsprüfer Berechtigten sind weiters berechtigt, folgende Tätigkeiten auszuüben:

1. die gesetzlich vorgeschriebene und jede auf öffentlichem oder privatem Auftrag beruhende Prüfung der Buchführung, der Rechnungsabschlüsse, der Kostenrechnung, der Kalkulation und der

kaufmännischen Gebarung von Unternehmen, die mit oder ohne der Erteilung eines förmlichen Bestätigungsvermerkes verbunden ist,

2. die pagatorische Buchhaltung (Geschäftsbuchhaltung) einschließlich der Lohnverrechnung sowie die kalkulatorische Buchhaltung (Kalkulation), einschließlich der Beratung auf diesen Gebieten,

3. die Beratung und Hilfeleistung auf dem Gebiet der Rechnungslegung und des Bilanzwesens und der Abschluss unternehmerischer Bücher,

4. sämtliche Beratungsleistungen und Tätigkeiten im Zusammenhang mit dem betrieblichen Rechnungswesen und die Beratung betreffend Einrichtung und Organisation des internen Kontrollsystems,

5. die Sanierungsberatung, insbesondere die Erstellung von Sanierungsgutachten, Organisation von Sanierungsplänen, Prüfung von Sanierungsplänen und die begleitende Kontrolle bei der Durchführung von Sanierungsplänen,

6. die Beratung und Vertretung ihrer Auftraggeber in Devisensachen mit Ausschluss der Vertretung vor ordentlichen Gerichten,

7. die Erstattung von Sachverständigengutachten auf den Gebieten des Buchführungs- und Bilanzwesens und auf jenen Gebieten, zu deren fachmännischer Beurteilung Kenntnisse des Rechnungswesens oder der Betriebswirtschaftslehre erforderlich sind,

8. die Ausübung jener wirtschaftreuhänderischen Arbeiten, auf die in anderen Gesetzen mit der ausdrücklichen Bestimmung hingewiesen wird, dass sie nur von Buchprüfern oder Wirtschaftsprüfern gültig ausgeführt werden können,

9. die Übernahme von Treuhandaufgaben und die Verwaltung von Vermögenschaften mit Ausnahme der Verwaltung von Gebäuden,

10. die Beratung in arbeitstechnischen Fragen und

11. die Tätigkeit als Mediator, wenn sie in die Liste der Mediatoren nach dem Zivilrechts-Mediations-Gesetz (ZivMediatG), BGBl. I Nr. 29/2003, eingetragen sind.

(3) Die zur selbständigen Ausübung des Wirtschaftstreuhandberufes Wirtschaftsprüfer Berechtigten

sind weiters berechtigt, folgende Tätigkeiten, soweit diese mit den für den gleichen Auftraggeber durchzuführenden wirtschaftstreuhänderischen Arbeiten unmittelbar zusammenhängen, auszuüben:

1. die Beratung in Rechtsangelegenheiten sowie die Errichtung einfacher und standardisierter, formularmäßig gestalteter Verträge betreffend Arbeitsverhältnisse jeglicher Art und

2. die Vertretung vor Behörden und Körperschaften öffentlichen Rechts einschließlich der Vertretung vor den Verwaltungsgerichten sowie Gerichten in Angelegenheiten des § 11 des Firmenbuchgesetzes, BGBl. Nr. 10/1991, beschränkt auf die Anmeldungen, die die für Zustellungen maßgebliche Geschäftsanschrift sowie die Adresse der Internetseite betreffen, und bezüglich der Veröffentlichung von Jahresabschlüssen und der Abgabe von Drittschuldnererklärungen für Auftraggeber.

Berechtigungsumfang – Sonstiges

§ 4. (1) Durch dieses Bundesgesetz werden die Befugnisse nicht berührt:

1. der Rechtsanwälte,

2. der Patentanwälte,

3. der Notare,

4. der Behörden und der Körperschaften des öffentlichen Rechts, soweit sie im Rahmen ihres Aufgabenbereiches Hilfe oder Beistand in Steuersachen leisten,

5. der Revisionsverbände der Erwerbs- und Wirtschaftsgenossenschaften und der Prüfungsstelle des Sparkassen-Prüfungsverbandes hinsichtlich der ihnen zugewiesenen Prüfungs- und Beratungsaufgaben und der in § 2 Abs. 1 Z 1 und 3 angeführten Tätigkeiten,

6. der Gewerbetreibenden,

7. der Ziviltechniker,

8. der gesetzlichen Berufsvertretungen, ihren Mitgliedern Hilfe und Beistand auf dem Gebiet des verwaltungsbehördlichen Finanzstrafverfahrens zu leisten und

9. der Ausübenden von Bilanzbuchhaltungsberufen.

(2) Das Recht der Gerichte und Verwaltungsbehörden, zur Erstattung von Gutachten ständig oder im Einzelfall für das Buch- und Rechnungsfach beeidete Sachverständige oder Inventurkommissäre heranzuziehen, die nicht Berufsberechtigte im Sinne dieses Bundesgesetzes sind, bleibt unberührt, doch erlangen diese Personen durch eine solche Heranziehung keine Befugnis, eine wirtschaftstreuhänderische Tätigkeit im Auftrag anderer Auftraggeber durchzuführen.

Öffentliche Bestellung – Anerkennung

§ 5. (1) Wirtschaftstreuhandberufe dürfen selbständig durch Berufsberechtigte, das sind entweder natürliche Personen oder Gesellschaften, ausgeübt werden.

(2) Eine natürliche Person ist berufsberechtigt und somit zur selbständigen Ausübung eines Wirtschaftstreuhandberufes berechtigt, nachdem sie durch die Kammer der Wirtschaftstreuhänder öffentlich bestellt wurde.

(3) Eine Gesellschaft ist berufsberechtigt und somit zur selbständigen Ausübung eines Wirtschaftstreuhandberufes berechtigt, nachdem sie durch die Kammer der Wirtschaftstreuhänder anerkannt wurde.

Dienstleistungen

§ 6. (1) Staatsangehörige eines Mitgliedstaates der EU oder eines Vertragsstaates des Abkommens über den Europäischen Wirtschaftsraum (EWR) oder Staatsangehörige der Schweiz, die in einem Mitgliedstaat der EU oder in einem Vertragsstaat des EWR oder in der Schweiz niedergelassen sind und dort den Beruf eines selbständigen, freiberuflichen Wirtschaftstreuhänders auf einem bestimmten diesem Bundesgesetz entsprechenden Fachgebiet gemäß § 2 und § 3 befugt ausüben, sind berechtigt, nach Maßgabe des Abs. 2, vorübergehend und gelegentlich Dienstleistungen auf diesem Fachgebiet zu erbringen.

(2) Die Voraussetzungen für die Erbringung von vorübergehenden und gelegentlichen Dienstleistungen gemäß Abs. 1 sind:

1. die Staatsangehörigkeit eines Mitgliedstaates der EU oder eines Vertragsstaates des Abkommens über den Europäischen Wirtschaftsraum oder der Schweiz,
2. eine Niederlassung in einem anderen Mitgliedstaat der EU oder in einem Vertragsstaat des Europäischen Wirtschaftsraumes oder in der Schweiz,

3. die aufrechte Berechtigung, im Niederlassungsstaat Tätigkeiten auszuüben, die den Berechtigungsumfängen der Wirtschaftstreuhandberufe gemäß § 2 und § 3 zuzuordnen sind, und sofern der Beruf im Niederlassungsstaat nicht reglementiert ist, eine mindestens einjährige Berufsausübung während der vorangehenden zehn Jahre im Niederlassungsstaat, und

4. eine aufrechte Vermögensschaden-Haftpflichtversicherung im Sinne des § 11 in Verbindung mit § 77 Abs. 1.

(3) Die Dienstleistungen gemäß Abs. 1 sind unter der Berufsbezeichnung des Niederlassungsstaates des Dienstleisters zu erbringen. Die Berufsbezeichnung ist in der Amtssprache des Niederlassungsstaates so zu führen, dass keine Verwechslungen mit den in diesem Bundesgesetz angeführten Berufsbezeichnungen möglich sind.

(4) Der Dienstleister ist verpflichtet, den Dienstleistungsempfänger spätestens bei Vertragsabschluss nachweislich zu informieren über:

1. das Register, in dem er eingetragen ist, sowie die Nummer der Eintragung oder gleichwertige, der Identifikation dienende Angaben aus diesem Register,

2. Namen und Anschrift der zuständigen Aufsichtsbehörde,

3. die Berufskammern oder vergleichbare Organisationen, denen der Dienstleister angehört,

4. die Berufsbezeichnung oder seinen Berufsqualifikationsnachweis,

5. die Umsatzsteueridentifikationsnummer und

6. Einzelheiten zu seinem Versicherungsschutz in Bezug auf die Vermögensschaden-Haftpflichtversicherung.

(5) Abs. 1 bis 4 gilt nicht für die Erbringung von Dienstleistungen bezüglich Abschlussprüfungen gemäß Art. 2 Z 1 der Richtlinie 2006/43/EG über Abschlussprüfungen von Jahresabschlüssen und konsolidierten Abschlüssen, zur Änderung der Richtlinien 78/660/EWG und 83/349/EWG und zur Aufhebung der Richtlinie 84/253/EWG (im Folgenden: Abschlussprüfungs-RL), ABl. Nr. L 157 vom 09.06.2006 S. 87, zuletzt geändert durch die Richtlinie 2014/56/EU, ABl. Nr. L 158 vom 27.05.2014 S. 196.

Niederlassung

§ 7. (1) Staatsangehörige eines Mitgliedstaates der EU oder eines Vertragsstaates des Abkommens über den Europäischen Wirtschaftsraum oder der Schweiz sind nach Maßgabe des Abs. 2 berechtigt, sich auf dem Gebiet der Republik Österreich zur Ausübung eines Wirtschaftstreuhandberufes niederzulassen.

(2) Voraussetzungen für die Niederlassung gemäß Abs. 1 sind:

1. die Staatsangehörigkeit eines Mitgliedstaates der EU oder eines Vertragsstaates des Abkommens über den Europäischen Wirtschaftsraum oder der Schweiz,
2. die aufrechte Berechtigung in ihrem Herkunftsmitgliedstaat einen Wirtschaftstreuhandberuf auszuüben,
3. das Vorliegen der allgemeinen Voraussetzungen gemäß § 8 Abs. 1,
4. das Vorliegen einer gleichwertigen Berufsqualifikation und
5. die öffentliche Bestellung durch die Kammer der Wirtschaftstreuhänder.

(3) Dem Antrag auf öffentliche Bestellung sind anzuschließen:

1. ein Identitätsnachweis,
2. der Nachweis der Staatsangehörigkeit,
3. der Berufsqualifikationsnachweis, der zur Aufnahme eines Wirtschaftstreuhandberufes berechtigt, und
4. Bescheinigungen der zuständigen Behörden des Herkunftsmitgliedstaates über das Vorliegen der besonderen Vertrauenswürdigkeit, der geordneten wirtschaftlichen Verhältnisse und das Nichtvorliegen schwerwiegender standeswidriger Verhalten. Diese Bescheinigungen dürfen bei ihrer Vorlage nicht älter als drei Monate sein.

(4) Die öffentliche Bestellung hat zu erfolgen, wenn die allgemeinen Voraussetzungen für die öffentliche Bestellung vorliegen und die geltend gemachte Berufsqualifikation dem des angestrebten Wirtschaftstreuhandberufes gleichwertig ist. Die fachliche Befähigung ist nachzuweisen durch die Vorlage eines Nachweises im Sinne des Art. 11 lit. e der Richtlinie 2005/36/EG über die Anerkennung von Berufsqualifikationen

(im Folgenden: Berufsqualifikationsanerkennungs-RL), ABl. Nr. L 255 vom 30.09.2005 S. 22, zuletzt geändert durch die Richtlinie 2013/55/EU, ABl. Nr. L 354 vom 28.12.2013 S. 132, in der Fassung der Berichtigung ABl. Nr. L 095 vom 9.4.2016 S. 20. Diesen Ausbildungsnachweisen ist jeder Ausbildungsnachweis oder jede Gesamtheit von Berufsqualifikationsnachweisen, die von einer zuständigen Behörde in einem Mitgliedstaat ausgestellt wurden, gleichgestellt, sofern sie eine in der Union erworbene Ausbildung abschließen und von diesem Mitgliedstaat als gleichwertig anerkannt werden und in Bezug auf die Aufnahme oder Ausübung eines Wirtschaftstreuhandberufes dieselben Rechte verleihen oder auf die Ausübung dieser Berufe vorbereiten.

(5) Vor der Gleichhaltung unter der Bedingung einer Eignungsprüfung ist im Sinne des Art. 14 Abs. 5 der Berufsqualifikationsanerkennungs-RL nach dem Grundsatz der Verhältnismäßigkeit zu prüfen, ob die vom Niederlassungswerber während seiner Berufserfahrung oder durch lebenslanges Lernen erworbenen Kenntnisse die wesentlichen Unterschiede gemäß Art. 14 Abs. 4 der Berufsqualifikationsanerkennungs-RL ganz oder teilweise abdecken. Die Gleichwertigkeit der Befähigungs- oder Ausbildungsnachweise ist nicht gegeben, wenn

1. die bisherige Ausbildung sich hinsichtlich der beruflichen Tätigkeit auf Fächer bezieht, die sich wesentlich von denen unterscheiden, die durch den Ausbildungsnachweis abgedeckt werden, der nach diesem Bundesgesetz vorgeschrieben ist, oder
2. die Tätigkeiten eine oder mehrere berufliche Tätigkeiten umfassen, die im Herkunftsmitgliedstaat des Niederlassungswerbers nicht Bestandteil des entsprechenden reglementierten Berufs sind, und wenn dieser Unterschied in einer besonderen Ausbildung besteht, die nach diesem Bundesgesetz vorgeschrieben wird und sich auf Fächer bezieht, die sich wesentlich von denen unterscheiden, die von dem Befähigungs- oder Ausbildungsnachweis abgedeckt werden, den der Niederlassungswerber vorlegt.

(6) Die mangelnde Gleichwertigkeit der geltend gemachten Berufsqualifikation ist durch die Absolvierung einer Eignungsprüfung auszugleichen. Unter einer

Eignungsprüfung sind Prüfungen im Sinne des Art. 3 Abs. 1 lit. h der Berufsqualifikationsanerkennungs-RL zu verstehen.

(7) Die Eignungsprüfung für Steuerberater umfasst folgende Sachgebiete im Sinne des Art. 3 Abs. 1 lit. h Berufsqualifikationsanerkennungs-RL:

1. die schriftliche Ausarbeitung von zwei Klausurarbeiten gemäß § 22 Abs. 4 und 5 in Verbindung mit § 22 Abs. 7 und 8 und

2. die mündliche Beantwortung von Prüfungsfragen aus den Fachgebieten gemäß § 23 Abs. 1 in Verbindung mit § 22 Abs. 4 und 5 und § 23 Abs. 2.

(8) Die Eignungsprüfung für Wirtschaftsprüfer umfasst folgende Sachgebiete im Sinne des Art. 3 Abs. 1 lit. h Berufsqualifikationsanerkennungs-RL:

1. die schriftliche Ausarbeitung von zwei Klausurarbeiten gemäß § 22 Abs. 4 und 6 in Verbindung mit § 22 Abs. 7 und 8 und

2. die mündliche Beantwortung von Prüfungsfragen aus den Fachgebieten gemäß § 23 Abs. 1 in Verbindung mit § 22 Abs. 4 und 6 und § 23 Abs. 3.

(9) Für das Prüfungsverfahren betreffend die Ablegung von Eignungsprüfungen gelten die Bestimmungen der §§ 14 bis 20 und §§ 24 bis 39.

(10) Die Kammer der Wirtschaftstreuhänder hat dem Niederlassungswerber binnen eines Monats den Empfang der Unterlagen mitzuteilen und ihm gegebenenfalls einen Verbesserungsauftrag zu erteilen. Die Kammer der Wirtschaftstreuhänder ist verpflichtet, über den Antrag ohne unnötigen Aufschub, spätestens aber drei Monate nach Einreichung der vollständigen Unterlagen des Niederlassungswerbers zu entscheiden.

(11) Die Kammer der Wirtschaftstreuhänder hat auf entsprechenden Antrag im Einzelfall Personen, die in einem anderen EWR-Vertragsstaat oder der Schweizerischen Eidgenossenschaft einen Qualifikationsnachweis für eine berufliche Tätigkeit im Rahmen der Wirtschaftstreuhandberufe erworben haben und in diesem Staat ohne Einschränkung zur Ausübung der beruflichen Tätigkeit qualifiziert sind unter Berücksichtigung, ob diese berufliche Tätigkeit im anderen EWR-Vertragsstaat oder der Schweizerischen Eidgenossenschaft eigenständig ausgeübt werden kann, einen partiellen Zugang zur entsprechenden

beruflichen Tätigkeit im Rahmen der Wirtschaftstreuhandberufe zu gewähren, wenn

1. die Unterschiede zwischen der rechtmäßig ausgeübten Berufstätigkeit im Herkunftsmitgliedstaat und dem reglementierten Beruf nach diesem Bundesgesetz so groß sind, dass die Anwendung von Ausgleichsmaßnahmen der Anforderung an den Antragsteller gleichkäme, das vollständige Ausbildungsprogramm in Österreich zu durchlaufen, um Zugang zum gesamten reglementierten Beruf nach diesem Bundesgesetz in Österreich zu erlangen,

2. die von der erworbenen Qualifikation umfassten Tätigkeiten sich objektiv von anderen unter den reglementierten Beruf nach diesem Bundesgesetz fallenden Tätigkeiten trennen lassen und

3. dem partiellen Zugang keine zwingenden Gründe des Allgemeininteresses entgegenstehen.

(12) Personen, denen gemäß Abs. 11 ein partieller Zugang gewährt wurde, haben

1. ihren Beruf unter der Berufsbezeichnung ihres Herkunftsmitgliedstaats sowie erforderlichenfalls zusätzlich unter der im Anerkennungsbescheid festgelegten deutschsprachigen Bezeichnung auszuüben und

2. die Empfänger der Dienstleistung eindeutig über den Umfang ihrer beruflichen Tätigkeit zu informieren.

(13) Für Familienangehörige von Staatsangehörigen eines Mitgliedstaates der EU oder eines Vertragsstaates des Abkommens über den Europäischen Wirtschaftsraum oder der Schweiz, die das Recht auf Aufenthalt oder das Recht auf Daueraufenthalt in einem Mitgliedstaat genießen, gilt Abs. 1 bis 12 ungeachtet ihrer Staatsangehörigkeit.

(14) Im Sinne des Abs. 13 bezeichnet der Ausdruck „Familienangehöriger"

1. den Ehegatten,

2. den Lebenspartner, mit dem der Unionsbürger auf der Grundlage der Rechtsvorschriften eines Mitgliedstaats eine eingetragene Partnerschaft eingegangen ist, sofern nach den Rechtsvorschriften des Aufnahmemitgliedstaats die eingetragene Partnerschaft der Ehe gleichgestellt ist und die in den einschlägigen

Rechtsvorschriften des Aufnahmemitgliedstaats vorgesehenen Bedingungen erfüllt sind,

3. die Verwandten in gerader absteigender Linie des Unionsbürgers und des Ehegatten oder des Lebenspartners gemäß Z 2, die das 21. Lebensjahr noch nicht vollendet haben oder denen von diesen Unterhalt gewährt wird und

4. die Verwandten in gerader aufsteigender Linie des Unionsbürgers und des Ehegatten oder des Lebenspartners gemäß Z 2, denen von diesem Unterhalt gewährt wird.

2. Hauptstück
Natürliche Personen

1. Abschnitt
Allgemeines

Voraussetzungen

§ 8. (1) Allgemeine Voraussetzungen für die öffentliche Bestellung sind:

1. die volle Handlungsfähigkeit,
2. die besondere Vertrauenswürdigkeit,
3. geordnete wirtschaftliche Verhältnisse,
4. eine aufrechte Vermögensschaden-Haftpflichtversicherung und
5. ein Berufssitz.

(2) Weitere Voraussetzungen für die öffentliche Bestellung als

1. Steuerberater sind die erfolgreich abgelegte Fachprüfung für Steuerberater und eine zumindest dreijährige Praxiszeit als Berufsanwärter, davon eine mindestens zwei Jahre umfassende hauptberufliche steuerberatende Tätigkeit in Österreich und

2. Wirtschaftsprüfer sind ein erfolgreich absolviertes facheinschlägiges Hochschulstudium oder ein facheinschlägiges Fachhochschulstudium mit einem Arbeitsaufwand von zumindest 180 ECTS-Anrechnungspunkten, die erfolgreich abgelegte Fachprüfung für Wirtschaftsprüfer und eine zumindest dreijährige Praxiszeit als Berufsanwärter, davon eine

mindestens zwei Jahre umfassende hauptberufliche wirtschaftsprüfende Tätigkeiten in einem Mitgliedstaat der EU oder einem Vertragsstaat des Abkommens über den Europäischen Wirtschaftsraum. Insgesamt ist eine Ausbildung gemäß Art. 6 und 10 der Abschlussprüfungs-RL nachzuweisen.

(3) Ein Berufsberechtigter ist von der Aufrechterhaltung der Vermögensschaden-Haftpflichtversicherung befreit, wenn er den Wirtschaftstreuhandberuf ausschließlich in einem Dienstverhältnis bei einem anderen Wirtschaftstreuhänder ausübt.

(4) Ein Berufsberechtigter ist von der Aufrechterhaltung eines Berufssitzes befreit,

1. wenn er den Wirtschaftstreuhandberuf ausschließlich in einem Dienstverhältnis ausübt oder

2. während des Ruhens seiner Befugnis.

Besondere Vertrauenswürdigkeit

§ 9. Die besondere Vertrauenswürdigkeit liegt dann nicht vor, wenn der Berufswerber rechtskräftig verurteilt oder bestraft worden ist

1. a) von einem Gericht wegen einer mit Vorsatz begangenen strafbaren Handlung zu einer mehr als dreimonatigen Freiheitsstrafe oder

   b) von einem Gericht wegen einer mit Bereicherungsvorsatz begangenen strafbaren Handlung oder

   c) von einem Gericht wegen eines Finanzvergehens oder

   d) von einer Finanzstrafbehörde wegen eines vorsätzlichen Finanzvergehens mit Ausnahme einer Finanzordnungswidrigkeit und

2. diese Verurteilung oder Bestrafung noch nicht getilgt ist oder solange die Beschränkung der Auskunft gemäß § 6 Abs. 2 oder Abs. 3 des Tilgungsgesetzes 1972, BGBl. Nr. 68, noch nicht eingetreten ist.

Geordnete wirtschaftliche Verhältnisse

§ 10. (1) Geordnete wirtschaftliche Verhältnisse liegen dann nicht vor, wenn

1. über das Vermögen des Berufswerbers ein Insolvenzverfahren anhängig oder innerhalb der letzten

zehn Jahre rechtskräftig eröffnet worden ist, sofern dieses nicht durch Bestätigung eines Sanierungsplanes mit einer Quote von zumindest 20% oder eines Zahlungsplanes aufgehoben worden ist, oder

2. über das Vermögen des Berufswerbers innerhalb der letzten zehn Jahre zweimal rechtskräftig ein Sanierungsverfahren eröffnet worden ist und mittlerweile nicht sämtliche diesen Verfahren zugrundeliegenden Verbindlichkeiten nachgelassen oder beglichen worden sind, oder

3. gegen den Berufswerber innerhalb der letzten zehn Jahre ein Insolvenzverfahren mangels kostendeckenden Vermögens nicht eröffnet oder aufgehoben worden ist und die Überschuldung nicht beseitigt wurde.

(2) Eine allfällige Beseitigung der Überschuldung gemäß Abs. 1 Z 3 ist durch die Vorlage eines Vermögensverzeichnisses im Sinne des § 100a der Insolvenzordnung, RGBl. Nr. 337/1914, nachzuweisen.

Vermögensschaden-Haftpflichtversicherung

§ 11. (1) Berufsberechtigte sind verpflichtet, für Schäden aus ihrer Tätigkeit eine Vermögensschaden-Haftpflichtversicherung bei einem zum Betrieb nach den Bestimmungen des Versicherungsaufsichtsgesetzes 2016, BGBl. I Nr. 34/2015, berechtigten Versicherer abzuschließen und für die gesamte Dauer des Bestehens ihrer Berufsberechtigung aufrechtzuerhalten.

(2) Die Versicherungspflicht gilt nicht für Tätigkeiten, wenn und insoweit für diese Tätigkeiten ein anderer Berufsberechtigter mit einer Vermögensschaden-Haftpflichtversicherung dem betreffenden Klienten gegenüber kraft gesetzlicher Schadenersatzbestimmung haftet und in dieser Versicherung die Haftung der betreffenden schadenstiftenden Person oder Gesellschaft für denselben Versicherungsfall mitgedeckt ist.

(3) Die Versicherungssumme dieser Versicherung darf nicht geringer sein als 72 673 Euro für jeden einzelnen Versicherungsfall. Bei Vereinbarung einer betragsmäßigen Obergrenze für alle Versicherungsfälle eines Jahres und für allenfalls vereinbarte Selbstbehalte gilt § 158c des Versicherungsvertragsgesetzes, BGBl. Nr. 2/1959.

(4) Ist der Versicherungspflichtige Versicherter in einer Versicherung für fremde Rechnung, wird nur dann der Versicherungspflicht entsprochen, wenn nur er über die seinen Versicherungsschutz betreffenden Rechte aus dem Versicherungsvertrag verfügen kann und ihm für jeden Versicherungsfall zumindest die gesetzliche Mindestversicherungssumme zur Verfügung steht. Deckungsausschlussgründe, die nicht in seiner Person gelegen sind, können in diesem Fall nicht eingewendet werden.

(5) Die Versicherer sind verpflichtet, der Kammer der Wirtschaftstreuhänder unaufgefordert und umgehend jeden Umstand zu melden, der eine Beendigung oder Einschränkung des Versicherungsschutzes oder eine Abweichung von der ursprünglichen Versicherungsbestätigung bedeutet oder bedeuten kann, und auf Verlangen der Kammer der Wirtschaftstreuhänder über solche Umstände Auskunft zu erteilen.

Berufssitz

§ 12. (1) Berufsberechtigte sind verpflichtet, einen in einem Mitgliedstaat der EU oder einem Vertragsstaat des Abkommens über den Europäischen Wirtschaftsraum gelegenen Berufssitz zu haben.

(2) Unter einem Berufssitz ist bei einem selbständig ausübenden Berufsberechtigten eine feste Einrichtung zu verstehen, welche durch ihre personelle, sachliche und funktionelle Ausstattung die Erfüllung der an einen Berufsberechtigten gestellten fachlichen Anforderungen gewährleistet.

2. Abschnitt

Prüfungen – Zulassung

Zulassungsvoraussetzungen – Fachprüfung

§ 13. (1) Zur Fachprüfung ist zuzulassen, wer ein facheinschlägiges Hochschulstudium oder ein facheinschlägiges Fachhochschulstudium mit einem Arbeitsaufwand von zumindest 180 ECTS-Anrechnungspunkten erfolgreich absolviert hat und
1. mindestens eineinhalb Jahre als Berufsanwärter bei einem Berufsberechtigten oder

2. mindestens eineinhalb Jahre bei einem anerkannten Revisionsverband, der die steuerliche Beratung und die Vertretung von Verbandsmitgliedern vor Abgabenbehörden wahrnimmt, als Revisionsanwärter bei einem Revisionsverband der Erwerbs- und Wirtschaftsgenossenschaften oder als Revisionsassistent oder zeichnungsberechtigter Prüfer der Prüfungsstelle des Sparkassen-Prüfungsverbandes tätig war oder

3. die Fachprüfung zum Genossenschaftsrevisor erfolgreich abgelegt hat.

(2) Zur Fachprüfung ist ebenfalls zuzulassen, wer

1. nach der öffentlichen Bestellung zum Bilanzbuchhalter den Beruf Bilanzbuchhalter mindestens dreieinhalb Jahre hauptberuflich selbständig oder unselbständig ausgeübt hat oder

2. über eine Berufsberechtigung nach diesem Bundesgesetz verfügt.

(3) Tätigkeiten gemäß Abs. 1 Z 1 und 2 und Abs. 2 Z 1, welche die bei Wirtschaftstreuhändern festgesetzte Arbeitszeit nicht erreichen, sind nur verhältnismäßig anzurechnen.

(4) Die Kammer der Wirtschaftstreuhänder hat durch Verordnung festzusetzen, welche Hochschulstudien und Fachhochschulstudien den Voraussetzungen des Abs. 1 entsprechen. Unter facheinschlägigen Hochschulstudien und Fachhochschulstudien sind jene zu verstehen, welche die für die Ausübung des Berufes Steuerberater oder Wirtschaftsprüfer erforderlichen grundlegenden Kenntnisse vermitteln.

Antragstellung

§ 14. (1) Personen, die zu einer Fachprüfung anzutreten beabsichtigen, haben einen Antrag auf Zulassung zu stellen.

(2) Dem Antrag auf Zulassung sind anzuschließen:

1. ein Identitätsnachweis,

2. die erforderlichen Belege zum Nachweis der Erfüllung der Voraussetzungen für die Zulassung,

3. der Nachweis über die Entrichtung der Prüfungsgebühr.

(3) Der Antrag auf Zulassung ist bei der Kammer der Wirtschaftstreuhänder schriftlich einzubringen.

(4) Der Antrag auf Zulassung ist in deutscher Sprache zu stellen. Die gemäß Abs. 2 anzuschließenden Urkunden und Belege sind, sofern sie nicht in deutscher Sprache abgefasst sind, in beglaubigter Übersetzung eines gerichtlich beeideten Übersetzers vorzulegen.

Entscheidung über die Antragstellung

§ 15. Über den Antrag auf Zulassung zu einer Fachprüfung hat die Kammer der Wirtschaftstreuhänder mit Bescheid zu entscheiden.

Nichtigkeit

§ 16. Bescheide, mit denen die Zulassung zu einer Fachprüfung erteilt wurde, sind nichtig und vom Bundesminister für *Arbeit und Wirtschaft* gemäß § 68 Abs. 4 Z 4 des Allgemeinen Verwaltungsverfahrensgesetzes 1991 (AVG), BGBl. Nr. 51, für nichtig zu erklären, wenn eine der gesetzlichen Zulassungsvoraussetzungen gefehlt hat und weiterhin fehlt.

Einladung zum ersten Prüfungsteil

§ 17. (1) Die Kammer der Wirtschaftstreuhänder hat dem Bewerber nach Zulassung zur Fachprüfung die nächsten stattfindenden Prüfungstermine und die Form, in der die Prüfung an diesen Terminen durchgeführt wird, sowie allenfalls die Prüfungsorte bekannt zu geben.

(2) Der Prüfungsausschuss hat bis zum 30. Juni jeden Kalenderjahres die Termine der jeweiligen schriftlichen Prüfungsteile, die Durchführung gemäß § 32a und die jeweiligen Prüfungsorte (Landesstellen) für das nächstfolgende Kalenderjahr festzulegen. Die Prüfungstermine, die Durchführung gemäß § 32a und Prüfungsorte sind auf der Website der Kammer der Wirtschaftstreuhänder zu verlautbaren.

(3) Eine bereits bekannt gegebene Durchführung gemäß § 32a oder bereits bekannt gegebene Prüfungsorte können bis zu einem Monat vor einem Termin für einen schriftlichen Prüfungsteil abgeändert werden. Diese sind auf der Website der Kammer der Wirtschaftstreuhänder zu verlautbaren.

Prüfungsantritt – Rücktritt

§ 18. (1) Der Prüfungskandidat muss seinen Antritt zu einer Klausurarbeit bis spätestens einen Monat vor dem jeweiligen Prüfungstermin der Kammer der Wirtschaftstreuhänder bekanntgeben und kann – sofern keine Durchführung gemäß § 32a vorgesehen ist – einen gewünschten Prüfungsort benennen. Sodann ist der Prüfungskandidat zu diesem Prüfungstermin einzuladen. Im Einladungsschreiben ist erforderlichenfalls der Prüfungsort festzulegen.

(2) Der Prüfungskandidat muss sich schriftlich zur Ablegung der mündlichen Prüfung bereit erklären und kann dabei den gewünschten Prüfungsort benennen. Der Prüfungskandidat ist sodann zum nächstmöglichen Prüfungstermin unter Angabe des Prüfungsortes einzuladen.

(3) Der Prüfungskandidat kann jederzeit ohne Angabe von Gründen von einem Prüfungsteil zurücktreten. Zwischen dem Einlangen der schriftlichen Rücktrittserklärung und dem Prüfungstermin müssen bei einem schriftlichen Prüfungsteil drei Arbeitstage und bei einem mündlichen Prüfungsteil sieben Arbeitstage liegen. Ein Rücktritt danach ist nur aus zwingenden Gründen möglich. Das Vorliegen zwingender Verhinderungsgründe ist durch den Prüfungskandidaten binnen zwei Wochen nach dem Prüfungstermin oder unverzüglich nach dem Wegfall des Verhinderungsgrundes durch geeignete Belege nachzuweisen.

(4) Tritt der Prüfungskandidat später als drei Arbeitstage vor einem schriftlichen Prüfungsteil oder später als sieben Arbeitstage vor einem mündlichen Prüfungsteil ohne zwingenden Grund oder während eines Prüfungsteiles zurück, so gilt der betreffende Prüfungsteil als nicht bestanden.

Prüfungsgebühr

§ 19. (1) Die Prüfungskandidaten haben als Kostenbeitrag zur Durchführung der Prüfung eine Prüfungsgebühr zu bezahlen. Bei Festsetzung der Höhe der Prüfungsgebühren ist insbesondere auf den besonderen Verwaltungsaufwand einschließlich einer anteilsmäßigen angemessenen Entschädigung der Mitglieder der Prüfungskommission und auf die wirtschaftlichen Verhältnisse des Prüfungskandidaten Bedacht zu nehmen.

(2) Die Höhe der Prüfungsgebühr ist in der Prüfungsordnung festzusetzen.

Verfall von Teilprüfungen

§ 20. (1) Bereits bestandene Teilprüfungen im Rahmen der Fachprüfung für Steuerberater und für Wirtschaftsprüfer verfallen sieben Jahre nach der Zulassung zum Prüfungsverfahren, sofern der Prüfungskandidat bis zu diesem Zeitpunkt keinen mündlichen Prüfungsteil der Fachprüfung erfolgreich absolviert hat.

(2) Mit dem Verfall gemäß Abs. 1 gelten sowohl die erteilte Zulassung zur Fachprüfung als auch die Prüfungsgebühren für verfallen.

3. Abschnitt
Prüfungen – Steuerberater und Wirtschaftsprüfer

Fachprüfungen

§ 21. (1) Die Fachprüfung für Steuerberater besteht aus
1. dem schriftlichen Prüfungsteil gemäß § 22 Abs. 2,
2. dem schriftlichen Prüfungsteil gemäß § 22 Abs. 3,
3. dem schriftlichen Prüfungsteil gemäß § 22 Abs. 4,
4. dem schriftlichen Prüfungsteil gemäß § 22 Abs. 5 und
5. dem mündlichen Prüfungsteil gemäß § 23 Abs. 1 und 2.

(2) Die Fachprüfung Wirtschaftsprüfer besteht aus
1. dem schriftlichen Prüfungsteil gemäß § 22 Abs. 2,
2. dem schriftlichen Prüfungsteil gemäß § 22 Abs. 3,
3. dem schriftlichen Prüfungsteil gemäß § 22 Abs. 4,
4. dem schriftlichen Prüfungsteil gemäß § 22 Abs. 6 und
5. dem mündlichen Prüfungsteil gemäß § 23 Abs. 1 und 3.

Schriftlicher Prüfungsteil

§ 22. (1) Der schriftliche Prüfungsteil der Fachprüfungen für Steuerberater und Wirtschaftsprüfer hat die Ausarbeitung von jeweils vier Klausurarbeiten zu umfassen.

(2) Eine Klausurarbeit hat die Ausarbeitung von Prüfungsfragen aus dem Fachgebiet Betriebswirtschaftslehre zu umfassen, soweit es für die Ausübung eines Wirtschaftstreuhandberufes relevant ist.

(3) Eine Klausurarbeit hat die Ausarbeitung von Prüfungsfragen aus dem Fachgebiet Rechnungslegung und externe Finanzberichterstattung zu umfassen.

(4) Eine Klausurarbeit hat die Ausarbeitung von Prüfungsfragen aus dem Fachgebiet Rechtslehre zu umfassen, soweit es für die Ausübung eines Wirtschaftstreuhandberufes relevant ist.

(5) Eine Klausurarbeit der Fachprüfung Steuerberater hat weiters die Ausarbeitung von Prüfungsfragen aus dem Fachgebiet materielles Abgabenrecht und Finanzstrafrecht einschließlich der zugehörigen Verfahrensrechte zu umfassen.

(6) Eine Klausurarbeit der Fachprüfung Wirtschaftsprüfer hat weiters die Ausarbeitung von Prüfungsfragen aus dem Fachgebiet Abschlussprüfung zu umfassen.

(7) Die Prüfungsfragen der Klausurarbeit gemäß Abs. 5 und Abs. 6 sind so zu stellen, dass diese vom Bewerber in sechs Stunden ausgearbeitet werden können. Die jeweilige Klausurarbeit ist nach sieben Stunden zu beenden. Die Klausurarbeiten gemäß Abs. 5 und Abs. 6 können in jeweils zwei Teilen erfolgen, sofern dies durch die Prüfungsordnung gemäß § 39 vorgesehen ist.

(8) Die Prüfungsfragen der Klausurarbeiten gemäß Abs. 2 bis Abs. 4 sind so zu stellen, dass diese vom Bewerber insgesamt in neun Stunden ausgearbeitet werden können. Die jeweilige Ausarbeitungsdauer sowie die Dauer, nach der eine Klausur zu beenden ist, sind in der Prüfungsordnung gemäß § 39 festzulegen.

(9) Die nähere Ausgestaltung der schriftlichen Prüfungsteile hat in der Prüfungsordnung gemäß § 39 zu erfolgen.

Mündlicher Prüfungsteil

§ 23. (1) Der mündliche Prüfungsteil der Fachprüfungen Steuerberater und Wirtschaftsprüfer hat die Beantwortung von Prüfungsfragen aus den Fachgebieten gemäß § 22 Abs. 2 bis Abs. 4 zu umfassen.

(2) Der mündliche Prüfungsteil der Fachprüfung Steuerberater hat weiters die Beantwortung von Prüfungsfragen aus dem Fachgebiet gemäß § 22 Abs. 5 sowie Qualitätssicherung, Risikomanagement und Berufsrecht der Wirtschaftstreuhänder, insbesondere im Hinblick auf die Tätigkeit als Steuerberater zu umfassen.

(3) Der mündliche Prüfungsteil der Fachprüfung Wirtschaftsprüfer hat weiters die Beantwortung von Prüfungsfragen aus dem Fachgebiet gemäß § 22 Abs. 6 sowie insbesondere die folgenden Fachgebiete zu umfassen:

1. Grundzüge der Volkswirtschaftslehre und Finanzwissenschaft, soweit sie für die Abschlussprüfung relevant sind,

2. Grundzüge des Bank-, Versicherungs-, Wertpapierrechts (einschließlich des Börserechts) und Devisenrechts, soweit sie für die Abschlussprüfung relevant sind,

3. Qualitätssicherung, Risikomanagement und Berufsrecht der Wirtschaftstreuhänder, insbesondere in Hinblick auf die Tätigkeit als Wirtschaftsprüfer,

4. Prüfung der EDV-Anwendung in der Rechnungslegung,

5. Prüfung mit technischen Hilfsmitteln und Anwendung von Prüfungssoftware,

6. Grundzüge der Mathematik und Statistik, soweit sie für die Abschlussprüfung relevant sind,

7. Grundzüge der Sonderrechnungslegungsvorschriften,

8. besondere Kenntnisse der Kapitalgesellschaften, der Genossenschaften, der Stiftungen und Corporate Governance und

9. Abgabenrecht, soweit für die Abschlussprüfung relevant, und insbesondere ausreichende Kenntnisse der für die Abschlussprüfung relevanten Rechts- und Verwaltungsvorschriften.

(4) Die nähere Ausgestaltung der mündlichen Prüfungsteile hat in der Prüfungsordnung gemäß § 39 zu erfolgen.

4. Abschnitt

Prüfungsausschuss

Allgemeines

§ 24. (1) Bei der Kammer der Wirtschaftstreuhänder ist ein Prüfungsausschuss für die Abhaltung der Fachprüfungen für Steuerberater und für Wirtschaftsprüfer einzurichten.

(2) Die Funktionsdauer des Prüfungsausschusses hat fünf Jahre zu betragen.

Prüfungsausschuss – Zusammensetzung

§ 25. (1) Der Prüfungsausschuss für die Abhaltung von Fachprüfungen hat sich zusammenzusetzen aus:

1. einem Vorsitzenden für die Fachprüfung Steuerberater und einem Vorsitzenden für die Fachprüfung Wirtschaftsprüfer,

2. der erforderlichen Zahl von jeweiligen Stellvertretern und

3. der erforderlichen Zahl von Prüfungskommissären.

(2) Bei der Bestellung der Stellvertreter und der Prüfungskommissäre ist auf eine bedarfsgerechte Gewährleistung der Abhaltung der mündlichen Prüfungsteile bei den Landesstellen der Kammer der Wirtschaftstreuhänder Bedacht zu nehmen.

(3) Die Vorsitzenden des Prüfungsausschusses sowie deren Stellvertreter sind nach Anhörung der Kammer der Wirtschaftstreuhänder vom Bundesminister für Arbeit und Wirtschaft zu bestellen.

(4) Zumindest zwei Drittel der Prüfungskommissäre sind auf Grund eines Vorschlags der Kammer der Wirtschaftstreuhänder, nach Möglichkeit bis zu einem Drittel ist auf Vorschlag des Bundesministers für Finanzen im Einvernehmen mit der Kammer der Wirtschaftstreuhänder vom Bundesminister für Arbeit und Wirtschaft zu bestellen. Der Vorschlag hat eine Zuteilung des jeweiligen Prüfungskommissars zu mindestens einem Fachgebiet der §§ 22 Abs. 2 bis 6 und 23 Abs. 2 und 3 zu enthalten. Eine Zuteilung zu mehreren Fachgebieten ist zulässig.

(5) Die Prüfungskommissäre sind zu entnehmen dem Kreis

1. der Berufsangehörigen,

2. der Finanzbediensteten,

3. der Mitglieder des Bundesfinanzgerichtes,

4. der Bediensteten der Finanzmarktaufsicht und der Oesterreichischen Nationalbank,

5. der Hochschullehrer für einschlägige Fächer und

6. anderer hervorragender Fachleute des betreffenden Wissensgebietes.

(6) Für die Abhaltung des mündlichen Prüfungsteiles der Fachprüfungen bei der jeweiligen Landesstelle der Kammer

der Wirtschaftstreuhänder sind nach Bedarf Prüfungskommissionen zu bilden. Vorsitzender einer Prüfungskommission hat jeweils der Vorsitzende des Prüfungsausschusses oder einer seiner Stellvertreter zu sein. Nähere Bestimmungen über die Bildung der Prüfungskommissionen hat die Prüfungsordnung zu treffen.

(7) Die Prüfungskommissionen für die Abhaltung der Fachprüfungen sind beschlussfähig, wenn anwesend sind:

1. der Vorsitzende einer Prüfungskommission gemäß Abs. 6 und

2. bei Abhaltung der mündlichen Fachprüfung für Steuerberater und Wirtschaftsprüfer jeweils mindestens zwei Prüfungskommissäre.

Unabhängigkeit

§ 26. Die Prüfungsausschüsse und die Mitglieder der Prüfungsausschüsse sind in Angelegenheiten des Prüfungswesens unabhängig und an keinen Auftrag gebunden.

Zurücklegung – Enthebung

§ 27. Aus wichtigen Gründen können Mitglieder von Prüfungsausschüssen ihre Funktion vorzeitig zurücklegen oder ihrer Funktion enthoben werden.

Entschädigung

§ 28. (1) Die Mitglieder der Prüfungsausschüsse haben für ihre Prüfungstätigkeiten angemessene Entschädigungen zu erhalten.

(2) Die Höhe der Entschädigung der in Abs. 1 aufgezählten Anspruchsberechtigten ist in einer dem jeweiligen Prüfungsumfang und dem Zeitaufwand angemessenen Höhe von der Kammer der Wirtschaftstreuhänder festzusetzen.

Kanzleigeschäfte

§ 29. (1) Die Kanzleigeschäfte der Prüfungsausschüsse hat das Kammeramt der Kammer der Wirtschaftstreuhänder zu führen.

(2) Die mit dem Prüfungswesen befassten Bediensteten der Kammer der Wirtschaftstreuhänder sind in diesen Angelegenheiten ausschließlich an die Weisungen der Prüfungsausschüsse und der Mitglieder der Prüfungsausschüsse gebunden.

5. Abschnitt
Prüfungsverlauf – Prüfungsbeurteilungen
Sprache – Auswertung – Öffentlichkeit

§ 30. (1) Die Prüfungen sind in deutscher Sprache abzulegen.

(2) Bei der Auswertung der schriftlichen Klausurarbeiten dürfen die Namen der Bewerber weder ersichtlich sein noch den Prüfungskommissären bekannt gegeben werden.

(3) Die mündlichen Prüfungen sind öffentlich.

Klausurarbeit

§ 31. (1) Die Vorsitzenden des Prüfungsausschusses haben zur Beurteilung einer Klausurarbeit gemäß § 22 Abs. 2, 3 und 4 zwei Mitglieder des Prüfungsausschusses zu bestimmen. Zur Beurteilung einer Klausurarbeit gemäß § 22 Abs. 5 hat der Vorsitzende für die Fachprüfung Steuerberater zwei Mitglieder seines Prüfungsausschusses aus dem Kreis der der Fachprüfung Steuerberater zugeteilten Prüfungskommissäre zu bestimmen. Zur Beurteilung einer Klausurarbeit gemäß § 22 Abs. 6 hat der Vorsitzende für die Fachprüfung Wirtschaftsprüfer zwei Mitglieder seines Prüfungsausschusses aus dem Kreis der für die Fachprüfung Wirtschaftsprüfer zugeteilten Prüfungskommissäre zu bestimmen.

(2) Diese beiden Mitglieder haben jeweils unabhängig voneinander die Arbeit entweder mit „bestanden" oder „nicht bestanden" zu beurteilen.

(3) Die Klausurarbeit gilt dann insgesamt als bestanden, wenn beide Mitglieder des Prüfungsausschusses die Arbeit mit „bestanden" beurteilt haben. Beurteilen beide Mitglieder des Prüfungsausschusses die Arbeit mit „nicht bestanden", so gilt sie insgesamt als nicht bestanden.

(4) Beurteilt ein Mitglied des Prüfungsausschusses die Arbeit mit „bestanden" und das andere Mitglied mit „nicht bestanden", so haben die Vorsitzenden des Prüfungsausschusses zur Beurteilung der Arbeit ein anderes Mitglied des Prüfungsausschusses entsprechend Abs. 1 zu bestimmen. Dieses Mitglied hat unabhängig von den beiden ersten Mitgliedern die Arbeit entweder mit „bestanden" oder mit „nicht bestanden" zu beurteilen. Beurteilt dieses Mitglied die Arbeit mit „nicht bestanden", so gilt sie insgesamt als nicht

bestanden. Beurteilt dieses Mitglied die Arbeit mit „bestanden", so gilt sie insgesamt als bestanden.

(5) Jede Beurteilung einer Klausurarbeit ist zu begründen. Den Prüfungskandidaten sind jene Mitglieder des Prüfungsausschusses, die Klausurarbeiten beurteilt haben, nicht bekannt zu geben. Den Prüfungskandidaten ist auf Verlangen Einsicht in ihre beurteilten Klausurarbeiten zu gewähren.

(6) Die Beschlüsse der Prüfungsausschüsse sind unanfechtbar.

Reihenfolge der Prüfungen

§ 32. (1) Bei den Fachprüfungen hat der Prüfungskandidat zuerst den schriftlichen Prüfungsteil positiv abzulegen. Sodann ist er berechtigt, zum mündlichen Prüfungsteil anzutreten.

(2) Der Prüfungskandidat ist berechtigt, zum mündlichen Prüfungsteil der Fachprüfung für Steuerberater gemäß § 23 Abs. 1 und 2 anzutreten, wenn er die schriftlichen Prüfungsteile gemäß § 22 Abs. 2, 3, 4 und 5 erfolgreich absolviert hat.

(3) Der Prüfungskandidat ist berechtigt, zum mündlichen Prüfungsteil der Fachprüfung für Wirtschaftsprüfer gemäß § 23 Abs. 1 und 3 anzutreten, wenn er die schriftlichen Prüfungsteile gemäß § 22 Abs. 2, 3, 4 und 6 erfolgreich absolviert hat.

Schriftlicher Prüfungsteil – Durchführung auf elektronischem Weg

§ 32a. (1) Der schriftliche Prüfungsteil hat grundsätzlich auf elektronischem Weg unter Verwendung von informationstechnischen Werkzeugen zu erfolgen. Datenübermittlungen sind nach dem Stand der Technik zu verschlüsseln. Der zuständige Vorsitzende für die Fachprüfung oder die Vorsitzenden für die Fachprüfung gemeinsam können im Einzelfall festlegen, dass die Durchführung des schriftlichen Prüfungsteiles nicht auf elektronischem Weg zu erfolgen hat.

(2) Im schriftlichen Prüfungsteil können auch geschlossene Fragenformate eingesetzt werden. Die Ermittlung des Prüfungsergebnisses kann bei geschlossenen Frageformaten auch automationsunterstützt erfolgen. Das

automationsunterstützt ermittelte Ergebnis fließt in die Gesamtbeurteilung gemäß § 31 ein.

(3) Bei Klausurarbeiten, die auf elektronischem Weg abgehalten werden, muss jedenfalls

1. eine ordnungsgemäße Durchführung der Prüfung gewährleistet sein,
2. eine geeignete technische Infrastruktur auf Seiten der Person, die die Aufsicht bei einem schriftlichen Prüfungsteil durchführt, vorhanden sein,
3. der Prüfungskandidat für eine zur Teilnahme an der Klausurarbeit geeignete technische Infrastruktur sorgen,
4. vor Beginn der Prüfung eine Überprüfung der Identität der Prüfungskandidaten erfolgen und
5. durch technische oder organisatorische Maßnahmen die eigenständige Erbringung der Prüfungsleistung durch die Prüfungskandidaten gewährleistet sein.

(4) Die Überprüfung der Identität der Prüfungskandidaten hat durch Hochladen eines Fotos der Vorderseite eines amtlichen Lichtbildausweises oder von dessen Datenseite zu erfolgen. Um die eigenständige Erbringung der Prüfungsleistung durch die Prüfungskandidaten zu gewährleisten, sind Bild- und Tonaufnahmen der Prüfungsumgebung des Kandidaten während der Ablegung der Klausurarbeit zulässig. Bild-und Tonaufnahmen sind nach Beendigung des Prüfungsverfahrens sieben Jahre aufzubewahren. Datenschutzrechtlich Verantwortliche sind die Vorsitzenden des Prüfungsausschusses.

(5) Bei der Verwendung unerlaubter Hilfsmittel ist die Klausurarbeit abzubrechen. Die Klausurarbeit ist nicht zu beurteilen.

(6) In allen anderen Fällen hat unbeschadet Abs. 5 eine Beurteilung zu erfolgen, außer der Prüfungskandidat stellt spätestens innerhalb von 24 Stunden nach Ende der Prüfung einen begründeten Antrag auf Nichtbeurteilung der Klausurarbeit aufgrund von nicht vom Prüfungskandidaten beeinflussbarer Ereignisse. Über diesen Antrag entscheidet binnen vier Wochen der zuständige Vorsitzende für die Fachprüfung oder die Vorsitzenden für die Fachprüfung gemeinsam.

(7) Technische Probleme führen nicht zur Verlängerung der Prüfungszeit.

(8) Die nähere Ausgestaltung und der Ablauf der Durchführung der Prüfung auf elektronischem Weg hat in der Prüfungsordnung gemäß § 39 zu erfolgen. In der Prüfungsordnung sind Bestimmungen zur Gewährleistung des Datenschutzes, zur Sicherstellung der eigenständigen Erbringung der Prüfungsleistung durch die Prüfungskandidaten und ihrer eindeutigen Identifizierung sowie zum Umgang mit technischen Problemen aufzunehmen.

Wiederholungen – Klausurarbeit

§ 33. (1) Wird eine Klausurarbeit mit insgesamt „nicht bestanden" beurteilt, so ist der Prüfungskandidat berechtigt, diese zu wiederholen.

(2) Für Wiederholungen hat der Prüfungsausschuss eine Frist festzusetzen, nach deren Ablauf die nicht bestandene Klausurarbeit wiederholt werden kann. Diese Frist darf ein Jahr nicht übersteigen. Bei Setzung der Frist sind das Klausurarbeitsergebnis sowie der nächstgelegene Prüfungstermin zu berücksichtigen.

Videokonferenzsysteme

§ 33a. (1) Der mündliche Prüfungsteil der Fachprüfungen kann auf elektronischem Weg mittels Videokonferenzsystem durchgeführt werden. Datenübermittlungen sind nach dem Stand der Technik zu verschlüsseln. Über die Durchführung als Videokonferenz entscheidet der Vorsitzende der jeweiligen Fachprüfung.

(2) Die Prüfungskandidaten sind spätestens zwei Wochen vor dem geplanten Prüfungstermin über die Form der Durchführung und den Prüfungsort zu informieren.

(3) Bei Prüfungen auf elektronischem Weg mittels Videokonferenzsystem muss jedenfalls
1. eine ordnungsgemäße Durchführung des mündlichen Prüfungsteils gewährleistet sein,
2. sich zumindest der Prüfungskandidat und der Vorsitzende oder stellvertretend ein Mitglied der Prüfungskommission am Prüfungsort aufhalten,
3. eine Beeinflussung des Prüfungskandidaten durch Dritte ausgeschlossen werden können und

4. sichergestellt sein, dass alle Mitglieder der Prüfungskommission die Prüfung mitverfolgen können.

(4) Die Kammer der Wirtschaftstreuhänder hat am Prüfungsort zur Durchführung des mündlichen Prüfungsteils auf elektronischem Weg mittels Videokonferenzsystem die erforderlichen technischen und organisatorischen Voraussetzungen zu gewährleisten.

(5) Die Prüfung ist zu unterbrechen, wenn vorübergehend aufgrund technischer Gebrechen nicht alle Mitglieder der Prüfungskommission die Leistungen der Prüfungskandidaten und deren Prüfungsverhalten durchgehend mitverfolgen können.

(6) Die Prüfung ist abzubrechen, wenn

1. die erforderlichen technischen Funktionen zur Gewährleistung der Prüfungsqualität zeitnah nicht mehr hergestellt werden können oder

2. der Prüfungskandidat unerlaubte Hilfsmittel verwendet.

(7) Eine durch ein technisches Gebrechen abgebrochene Prüfung ist hinsichtlich einzelner bereits absolvierter Prüfungsfächer des mündlichen Prüfungsteils im Sinne des § 34 Abs. 1 entsprechend zu beurteilen.

Barrierefreiheit

§ 33b. (1) Prüfungskandidaten mit Behinderungen gemäß § 3 des Bundes-Behindertengleichstellungsgesetzes, BGBl. I Nr. 82/2005, können einen begründeten Antrag auf eine abweichende Prüfungsmethode stellen, wenn die nachgewiesene Behinderung die Ablegung der Fachprüfung in der vorgeschriebenen Methode unmöglich macht.

(2) Über einen Antrag gemäß Abs. 1 entscheiden die Vorsitzenden des Prüfungsausschusses gemeinsam oder, soweit der Antrag Prüfungsteile ausschließlich einer Fachprüfung umfasst, der für die betreffende Fachprüfung zuständige Vorsitzende. Dem Antrag ist stattzugeben, wenn durch eine abweichende Prüfungsmethode weder der Inhalt der Fachprüfung, noch die an diese gestellten Anforderungen beeinträchtigt werden und die Art der Modifizierung unverhältnismäßig wäre.

Mündlicher Prüfungsteil – Beurteilung

§ 34. (1) Der Prüfungsausschuss hat die einzelnen Prüfungsfächer des mündlichen Prüfungsteiles einer Fachprüfung entweder mit „bestanden" oder mit „nicht bestanden" zu beurteilen.

(2) Bei Stimmengleichheit entscheidet die Stimme des Vorsitzenden.

(3) Die Beschlüsse der Prüfungsausschüsse sind unanfechtbar.

(4) Der mündliche Prüfungsteil einer Fachprüfung gilt als insgesamt bestanden, wenn sämtliche Prüfungsfächer des mündlichen Prüfungsteiles mit „bestanden" beurteilt worden sind. Der mündliche Prüfungsteil einer Fachprüfung gilt als insgesamt nicht bestanden, wenn auch nur ein Prüfungsfach des mündlichen Prüfungsteiles mit „nicht bestanden" beurteilt worden ist.

Niederschrift

§ 35. (1) Über den Verlauf der Prüfung ist eine Niederschrift aufzunehmen, die von sämtlichen Mitgliedern der Prüfungskommission zu unterzeichnen ist.

(2) Bei Durchführung der mündlichen Prüfung auf elektronischem Weg hat die aufzunehmende Niederschrift auch eine Unterbrechung oder das nicht ordnungsmäße Beenden der Prüfung aus technischen Gründen zu dokumentieren. Die Niederschrift ist durch das anwesende Mitglied der Prüfungskommission nach Beendigung der Prüfung zu unterzeichnen. Die Unterschriften der nicht anwesenden Mitglieder der Prüfungskommission können persönlich oder auf elektronischem Weg nachträglich eingeholt werden.

Wiederholungen – Mündlicher Prüfungsteil

§ 36. (1) Beurteilt der Prüfungsausschuss den Erfolg der mündlichen Prüfung in einzelnen Prüfungsfächern mit „nicht bestanden", so ist der Prüfungskandidat berechtigt, den mündlichen Prüfungsteil zu wiederholen.

(2) Für Wiederholungen hat der Prüfungsausschuss eine Frist festzusetzen, nach deren Ablauf der mündliche Prüfungsteil wiederholt werden kann. Diese Frist darf ein Jahr nicht übersteigen. Bei Setzung der Frist ist das Prüfungsergebnis zu berücksichtigen.

(3) Die Wiederholung des mündlichen Prüfungsteiles hat nur die nicht bestandenen Prüfungsfächer zu umfassen.

Prüfungsergebnis – Verkündung

§ 37. (1) Die Prüfungsergebnisse des mündlichen Prüfungsteiles sind den Prüfungskandidaten vom Vorsitzenden in Anwesenheit der Mitglieder der Prüfungskommission im unmittelbaren Anschluss an die Prüfung zu verkünden.

(2) Bei Durchführung der mündlichen Prüfung auf elektronischem Weg hat die Verkündung gemäß Abs. 1 im Rahmen der Videokonferenz oder stellvertretend durch das am Prüfungsort anwesende Mitglied der Prüfungskommission erfolgen.

Prüfungszeugnisse – Bestätigungen

§ 38. (1) Dem Prüfungskandidaten ist ein Prüfungszeugnis auszustellen, wenn er den mündlichen Prüfungsteil insgesamt bestanden hat. Dieses Prüfungszeugnis ist vom Vorsitzenden und allen Prüfungskommissären zu unterzeichnen. Dieses Prüfungszeugnis ist bei Durchführung der mündlichen Prüfung auf elektronischem Weg durch das anwesende Mitglied der Prüfungskommission nach Beendigung der Prüfung zu unterzeichnen. Die Unterschriften der nicht anwesenden Mitglieder der Prüfungskommission sind persönlich oder auf elektronischem Weg nachträglich einzuholen.

(2) Dem Prüfungskandidaten ist eine Bestätigung über die bestandenen Prüfungsfächer auszustellen, wenn er nur einzelne Prüfungsfächer des mündlichen Prüfungsteiles bestanden hat. Diese Bestätigung ist vom Vorsitzenden und allen Prüfungskommissären zu unterzeichnen. Diese Bestätigung ist bei Durchführung der mündlichen Prüfung auf elektronischem Weg durch das anwesende Mitglied der Prüfungskommission nach Beendigung der Prüfung zu unterzeichnen. Die Unterschriften der nicht anwesenden Mitglieder der Prüfungskommission sind persönlich oder auf elektronischem Weg nachträglich einzuholen.

(3) Dem Prüfungskandidaten, dem eine Bestätigung gemäß Abs. 2 ausgestellt wurde, ist ein Prüfungszeugnis dann auszustellen, wenn er sämtliche Prüfungsfächer des mündlichen Prüfungsteiles bestanden hat. Dieses Prüfungszeugnis ist vom Vorsitzenden und allen Prüfungskommissären des zuletzt tätig gewordenen

Prüfungsausschusses zu unterzeichnen. Dieses Prüfungszeugnis ist bei Durchführung der mündlichen Prüfung auf elektronischem Weg durch das anwesende Mitglied der Prüfungskommission nach Beendigung der Prüfung zu unterzeichnen. Die Unterschriften der nicht anwesenden Mitglieder der Prüfungskommission sind persönlich oder auf elektronischem Weg nachträglich einzuholen.

Prüfungsordnung

§ 39. (1) Die Kammer der Wirtschaftstreuhänder hat durch Verordnung eine Prüfungsordnung zu erlassen.

(2) Die Prüfungsordnung hat Bestimmungen über die nähere Ausgestaltung der Fachprüfungen zu enthalten, insbesondere über

1. die Pflichten der Mitglieder der Prüfungsausschüsse, um unparteiische und sachgerechte Prüfungen zu gewährleisten,
2. die Ausarbeitung der Prüfungsthemen, insbesondere die nähere Ausgestaltung der Prüfungsteile, wobei auf die dem betreffenden Prüfungsfach und -gebiet zuzuordnende Tätigkeit des Prüfungskandidaten Bedacht zu nehmen ist,
3. die Durchführung der Klausurarbeiten,
4. die Veröffentlichung von Klausurarbeiten,
5. die Durchführung der mündlichen Prüfungen und ihre Dauer,
6. die Leitung der Sitzungen bei mündlichen Prüfungen,
7. das auszustellende Prüfungszeugnis und
8. die Rechte und Pflichten der mit dem Prüfungsverfahren befassten Mitarbeiter der Kammer der Wirtschaftstreuhänder.

(3) Bei der Ausgestaltung der Prüfungsteile gemäß Abs. 2 Z 2 ist zu gewährleisten, dass die Fachprüfung Wirtschaftsprüfer zumindest die in Art. 8 der Abschlussprüfungs-RL aufgezählten Gegenstände umfasst.

6. Abschnitt

Berufsanwärter

Voraussetzungen

§ 40. (1) Berufsanwärter müssen

1. die Reife- oder Studienberechtigungsprüfung erfolgreich abgelegt haben und

2. zulässige fachliche Tätigkeiten im Ausmaß von zumindest der Hälfte der in Wirtschaftstreuhandbetrieben kollektivvertraglich festgelegten Normalarbeitszeit bei Wirtschaftstreuhändern ausüben.

(2) Unter fachlichen Tätigkeiten gemäß Abs. 1 Z 2 sind Tätigkeiten zu verstehen, die geeignet sind, die Erfahrungen und Kenntnisse zu vermitteln, die zur selbständigen Ausübung eines Wirtschaftstreuhandberufes erforderlich sind.

(3) Der erfolgreichen Reife- oder Studienberechtigungsprüfung ist eine Zulassung zu einem Fachhochschulstudium gleichzuhalten.

Anmeldung

§ 41. (1) Berufsanwärter haben sich bei der Kammer der Wirtschaftstreuhänder schriftlich anzumelden.

(2) Der Anmeldung sind in Kopie anzuschließen:

1. ein Identitätsnachweis und Urkunden über den Hauptwohnsitz,

2. die Urkunden zum Nachweis der Erfüllung der Voraussetzungen des § 40 Abs. 1 Z 1 und

3. eine Bestätigung des arbeitgebenden Wirtschaftstreuhänders über Art und Ausmaß der Tätigkeiten gemäß § 40 Abs. 1 Z 2.

(3) Berufsanwärter sind verpflichtet, der Kammer der Wirtschaftstreuhänder binnen einem Monat schriftlich sämtliche Änderungen, welche die Voraussetzungen für die Eigenschaft als Berufsanwärter betreffen, insbesondere Änderungen des Ausmaßes der Beschäftigung oder die Beendigung des Dienstverhältnisses bei einem Wirtschaftstreuhänder, unverzüglich mitzuteilen.

Anmeldung – Bescheid

§ 42. Die Kammer der Wirtschaftstreuhänder hat auf Grund der Anmeldung mit Bescheid festzustellen, ob und ab welchem Zeitpunkt die Eigenschaft als Berufsanwärter gegeben ist. Frühester Zeitpunkt ist jener der erfolgten Anmeldung als Berufsanwärter.

7. Abschnitt

Bestellungsverfahren

Antrag auf öffentliche Bestellung

§ 43. Natürliche Personen, die einen Wirtschaftstreuhandberuf selbständig auszuüben beabsichtigen, haben einen schriftlichen Antrag auf öffentliche Bestellung bei der Kammer der Wirtschaftstreuhänder einzubringen. Diesem Antrag sind die Belege zum Nachweis der Erfüllung der Voraussetzungen für die öffentliche Bestellung anzuschließen.

Gleichhaltung von Praxiszeiten

§ 44. (1) Der Praxiszeit gemäß § 8 Abs. 2 Z 1 ist gleichzuhalten:

1. eine zumindest dreijährige hauptberufliche und steuerberatende Tätigkeit bei einem anerkannten Revisionsverband, der die steuerliche Beratung und Vertretung von Verbandsmitgliedern vor Abgabenbehörden wahrnimmt oder
2. eine zumindest fünfjährige selbständige oder unselbständige Ausübung des Berufes Bilanzbuchhalter nach öffentlicher Bestellung zum Bilanzbuchhalter oder
3. eine zumindest fünfjährige selbständige oder unselbständige Ausübung des Berufes Wirtschaftsprüfer nach öffentlicher Bestellung zum Wirtschaftsprüfer.

(2) Der Praxiszeit gemäß § 8 Abs. 2 Z 2 ist gleichzuhalten:
1. eine zumindest dreijährige hauptberufliche Tätigkeit als Revisionsanwärter bei einem Revisionsverband der Erwerbs- und Wirtschaftsgenossenschaften oder
2. eine zumindest dreijährige hauptberufliche Tätigkeit als Revisionsassistent oder zeichnungsberechtigter Prüfer der Prüfungsstelle des Sparkassen-Prüfungsverbandes.

(3) Tätigkeiten gemäß Abs. 1 und 2, welche die bei Wirtschaftreuhändern festgesetzte Arbeitszeit nicht erreichen, sind nur verhältnismäßig anzurechnen.

(4) Auf die Dauer der Tätigkeit gemäß Abs. 1 Z 2 sind zulässige hauptberufliche Tätigkeiten im Rechnungswesen im Höchstausmaß von zwei Jahren anzurechnen. Tätigkeiten, welche die für Angestellte in Wirtschaftstreuhandkanzleien festgesetzte Arbeitszeit nicht erreichen, sind nur verhältnismäßig anzurechnen.

Anrechnungszeiten

§ 45. (1) Auf die Dauer der Tätigkeit als Berufsanwärter gemäß § 8 Abs. 2 Z 1 sind anzurechnen:

1. zulässige praktische Tätigkeiten, welche die für den Beruf des Steuerberaters erforderlichen qualifizierten Kenntnisse vermitteln, im Höchstmaß von einem Jahr,

2. Tätigkeiten als Rechtsanwaltsanwärter oder Notariatskandidat oder im rechtskundigen Dienst in der Finanzprokuratur oder als Patentanwaltsanwärter im Höchstausmaß von einem Jahr und

3. eine mit den in Z 1 und 2 angeführten Tätigkeiten vergleichbare Tätigkeit im Ausland im Höchstausmaß von einem Jahr.

(2) Auf die Dauer der Tätigkeit als Berufsanwärter gemäß § 8 Abs. 2 Z 2 sind anzurechnen:

1. zulässige praktische Tätigkeiten, welche die für den Beruf des Wirtschaftsprüfers erforderlichen qualifizierten Kenntnisse vermitteln, im Höchstausmaß von einem Jahr,

2. Tätigkeiten als Revisionsassistent in der Prüfungsstelle des Sparkassen-Prüfungsverbandes im Höchstausmaß von einem Jahr,

3. die Tätigkeit als zeichnungsberechtigter Prüfer der Prüfungsstelle des Sparkassen-Prüfungsverbandes im Höchstausmaß von einem Jahr und

4. eine mit den in Z 1 angeführten Tätigkeiten vergleichbare Tätigkeit im Ausland im Höchstausmaß von einem Jahr.

(3) Zeiten gemäß Abs. 1 sind auf die Tätigkeit als Berufsanwärter insgesamt nur bis zum Höchstausmaß von eineinhalb Jahren anzurechnen. Bereits einmal angerechnete Tätigkeiten können kein weiteres Mal angerechnet werden.

(4) Anrechnungszeiten, die mit der Tätigkeit als Berufsanwärter bei Wirtschaftstreuhändern zusammenfallen, sind nicht zusätzlich zu berücksichtigen.

(5) Tätigkeiten, welche die für Angestellte in Wirtschaftstreuhandkanzleien festgesetzte Arbeitszeit nicht erreichen, sind nur verhältnismäßig anzurechnen.

(6) Anrechnungen gemäß Abs. 2 sind nur insoweit zulässig, als eine praktische Ausbildung gemäß Art. 10 der Abschlussprüfungs-RL gewährleistet ist.

(7) Auf die Dauer der Tätigkeit gemäß § 44 Abs. 1 Z 2 sind zulässige hauptberufliche Tätigkeiten im Rechnungswesen im Höchstausmaß von zwei Jahren anzurechnen. Tätigkeiten, welche die für Angestellte in Wirtschaftstreuhandkanzleien festgesetzte Arbeitszeit nicht erreichen, sind nur verhältnismäßig anzurechnen.

Anspruch auf öffentliche Bestellung

§ 46. (1) Natürliche Personen, welche die Voraussetzungen für die öffentliche Bestellung erfüllen, haben Anspruch auf öffentliche Bestellung.

(2) Vor der öffentlichen Bestellung darf ein Wirtschaftstreuhandberuf nicht selbständig ausgeübt werden.

(3) Sind bei natürlichen Personen seit Ablegung der Fachprüfung mehr als sieben Jahre vergangen, so hat die Kammer der Wirtschaftstreuhänder die öffentliche Bestellung von der neuerlichen Ablegung des mündlichen Prüfungsteiles abhängig zu machen, wenn der Bestellungswerber in dieser Zeit nicht überwiegend facheinschlägig gearbeitet hat und in den beiden vorangegangenen Kalenderjahren keine § 71 Abs. 3 entsprechende Fortbildung nachgewiesen werden kann.

(4) Ist bei einer natürlichen Person die Berufsberechtigung erloschen und wird die öffentliche Bestellung neuerlich beantragt, so ist neben den allgemeinen Bestellungsvoraussetzungen auch die Erfüllung der Fortbildungsverpflichtung gemäß § 71 Abs. 3 in den beiden vorangegangenen Kalenderjahren Voraussetzung. Die Kammer der Wirtschaftstreuhänder hat die öffentliche Bestellung von der neuerlichen Ablegung des mündlichen Prüfungsteiles abhängig zu machen, wenn seit dem Erlöschen der Berufsberechtigung mehr als sieben Jahre vergangen sind und der Bestellungswerber in diesem Zeitraum nicht überwiegend facheinschlägig tätig war. Ein dem Erlöschen der

Berufsberechtigung unmittelbar vorausgehendes Ruhen der Befugnis ist diesem Zeitraum hinzuzurechnen.

Öffentliche Bestellung – Eintragung

§ 47. (1) Die Kammer der Wirtschaftstreuhänder hat über die öffentliche Bestellung eine Urkunde auszustellen.

(2) Die Urkunde über die öffentliche Bestellung für die Ausübung des Wirtschaftstreuhandberufes Steuerberater ist erst nach Ablegung des Gelöbnisses auszuhändigen.

(3) Die Urkunde über die öffentliche Bestellung für die Ausübung des Wirtschaftstreuhandberufes Wirtschaftsprüfer ist erst nach Ablegung des Eides auszuhändigen.

(4) Berufsberechtigte sind von Amts wegen in die Liste der Wirtschaftstreuhänder einzutragen.

Beeidigung – Gelöbnis

§ 48. (1) Beeidigungen und Gelöbnisse sind vom Bundesminister für Arbeit und Wirtschaft oder von einem von ihm bestellten Vertreter vorzunehmen. Die Eides- und Gelöbnisabnahme mittels schriftlicher Erklärung ist zulässig.

(2) Die Eidesformel lautet: „Ich schwöre, dass ich die Gesetze der Republik Österreich stets treu und unverbrüchlich befolgen, die Aufgaben und Pflichten eines Wirtschaftsprüfers gewissenhaft erfüllen, meine Verschwiegenheitspflicht einhalten und die von mir verlangten Gutachten gewissenhaft und unparteiisch erstatten werde."
Die Einfügung einer religiösen Bekräftigung ist zulässig.

(3) Die Gelöbnisformel hat sinngemäß der Eidesformel gemäß Abs. 2 zu entsprechen.

Versagung der öffentlichen Bestellung

§ 49. (1) Die öffentliche Bestellung ist zu versagen, wenn eine der Bestellungsvoraussetzungen nicht erfüllt ist.

(2) Über die Versagung der öffentlichen Bestellung hat die Kammer der Wirtschaftstreuhänder einen schriftlichen Bescheid zu erlassen.

Nichtigkeit

§ 50. Öffentliche Bestellungen sind nichtig und vom Bundesminister für Arbeit und Wirtschaft gemäß § 68 Abs. 4 Z 4 AVG für nichtig zu erklären, wenn zum Zeitpunkt der Aushändigung der Bestellungsurkunde eine der

Bestellungsvoraussetzungen nicht erfüllt war und weiterhin nicht erfüllt ist.

3. Hauptstück

Gesellschaften

1. Abschnitt

Wirtschaftstreuhandgesellschaften

Voraussetzungen

§ 51. Allgemeine Voraussetzungen für die Anerkennung einer Gesellschaft, die Wirtschaftstreuhandberufe und damit vereinbare Tätigkeiten auszuüben beabsichtigt, sind:

1. das Vorliegen einer Gesellschaftsform gemäß § 54,
2. ein schriftlich abgeschlossener Gesellschaftsvertrag,
3. eine Firma gemäß § 55,
4. Gesellschafter oder Aktionäre gemäß § 56,
5. ein allfälliger Aufsichtsrat gemäß § 58,
6. eine abgeschlossene Vermögensschaden-Haftpflichtversicherung gemäß § 11,
7. geordnete wirtschaftliche Verhältnisse gemäß § 10,
8. eine Geschäftsführung und Vertretung nach außen gemäß § 52 und
9. eine Aufteilung der Gesellschaftsanteile und der Stimmrechte gemäß § 53.

Geschäftsführung und Vertretung nach außen

§ 52. (1) Die Geschäftsführung und die Vertretung nach außen hat durch Berufsberechtigte, die zur selbständigen Ausübung ihrer Berufsbefugnis berechtigt sind, zu erfolgen.

(2) Die Geschäftsführung und die Vertretung nach außen hat mehrheitlich durch Berufsberechtigte, die zur selbständigen Ausübung der Berufsbefugnis der entsprechenden Berufsgruppe berechtigt sind, zu erfolgen, wobei die Vertretung der Gesellschaft durch Berufsberechtigte, die zur selbständigen Ausübung der Berufsbefugnis der entsprechenden Berufsgruppe berechtigt sind, einzeln oder kollektiv auch ohne Mitwirkung anderer gewährleistet sein muss. Sind nur zwei Geschäftsführer vorhanden, ist es ausreichend, wenn einer von diesen zur

selbständigen Ausübung der entsprechenden Berufsbefugnis berechtigt ist.

(3) Prokuristen müssen zur selbständigen Ausübung ihrer Berufsbefugnis berechtigt sein, können aber zur Vertretung nach außen unabhängig von ihrer Berufsbefugnis und Anzahl bevollmächtigt werden.

(4) Bei Wirtschaftsprüfungsgesellschaften hat die Geschäftsführung und die Vertretung nach außen mehrheitlich durch Berufsberechtigte, die gemäß § 57 berechtigt sind, einen Bestätigungsvermerk zu unterschreiben, zu erfolgen.

(5) Sind bei Personengesellschaften oder Kapitalgesellschaften nur zwei Gesellschafter vorhanden, so genügt es bei Ausübung des Wirtschaftstreuhandberufes Steuerberater und des Wirtschaftstreuhandberufes Wirtschaftsprüfer, wenn einer von diesen ein Berufsberechtigter der entsprechenden Berufsgruppe ist, über eine mehrheitliche Beteiligung verfügt und selbständig vertretungsberechtigt ist. Bei gleichzeitiger Ausübung sowohl des Wirtschaftstreuhandberufes Steuerberater als auch des Wirtschaftstreuhandberufes Wirtschaftsprüfer haben die Gesellschafter gleichberechtigt und jeweils selbständig vertretungsberechtigt zu sein.

(6) Abschlussprüfer und Prüfungsgesellschaften gemäß Art. 2 Z 2 und 3 der Abschlussprüfungs-RL, die in einem anderen Mitgliedstaat der EU oder eines Vertragsstaates des EWR oder der Schweizerischen Eidgenossenschaft zugelassen sind, sind bezüglich Gesellschaftsbildungen Berufsberechtigten, die den Wirtschaftstreuhandberuf Wirtschaftsprüfer ausüben, nach Maßgabe des § 56 gleichgestellt.

Aufteilung der Gesellschaftsanteile und Stimmrechte

§ 53. (1) Voraussetzung für die Ausübung des Wirtschaftstreuhandberufes

1. Steuerberater ist

   a) bei Personengesellschaften eine Aufteilung der Kapitalanteile und Stimmrechte, die einen mehrheitlichen und maßgebenden Einfluss von Steuerberatern gewährleisten, und

   b) bei Kapitalgesellschaften eine Aufteilung des Grund- oder Stammkapitals und der Stimmrechte, die einen mehrheitlichen und maßgebenden Einfluss von Steuerberatern gewährleisten, und

2. Wirtschaftsprüfer ist

a) bei Personengesellschaften sowohl eine Aufteilung der Kapitalanteile als auch der Stimmrechte, die einen mehrheitlichen und maßgebenden Einfluss von Wirtschaftsprüfern gewährleisten, und

b) bei Kapitalgesellschaften sowohl eine Aufteilung des Grund- oder Stammkapitals als auch der Stimmrechte, die einen mehrheitlichen und maßgebenden Einfluss von Wirtschaftsprüfern gewährleisten.

(2) Voraussetzung für die gleichzeitige Ausübung sowohl des Wirtschaftstreuhandberufes Steuerberater als auch des Wirtschaftstreuhandberufes Wirtschaftsprüfer ist eine Aufteilung der Kapitalanteile oder des Grund- oder Stammkapitals und der Stimmrechte, die jedenfalls eine Gleichberechtigung der jeweiligen Berufsberechtigten gewährleistet. Sind nur zwei Gesellschafter vorhanden, so genügt es, wenn einer von diesen über beide Berufsberechtigungen verfügt, gleichberechtigt an der Gesellschaft beteiligt und selbständig vertretungsberechtigt ist. Eine Gleichberechtigung der Beteiligungen ist dann gegeben, wenn Personen, die über die Berufsberechtigung Steuerberater oder Wirtschaftsprüfer verfügen, jeweils zusammen über die Hälfte der Anteile und der Stimmrechte verfügen.

Gesellschaftsformen

§ 54. Die Ausübung eines Wirtschaftstreuhandberufes ist durch Personen- und Kapitalgesellschaften des Unternehmensrechts, die in das Firmenbuch eingetragen werden können, zulässig.

Firma

§ 55. (1) Die Firma hat die Bezeichnung des ausgeübten Wirtschaftstreuhandberufs zu enthalten.

(2) Erklärt eine Gesellschaft das Ruhen der Berufsbefugnis, ist das Anführen der Bezeichnung eines Wirtschaftstreuhandberufes nicht zulässig, wenn die Gesellschaft während des Ruhens über andere aufrechte Berechtigungen verfügt.

Gesellschafter

§ 56. (1) Gesellschafter dürfen nur sein:

1. berufsberechtigte natürliche Personen,
2. Ehegatten, Kinder und eingetragene Partner von an der Gesellschaft beteiligten Berufsberechtigten,
3. Gesellschaften, die berechtigt sind, einen Wirtschaftstreuhandberuf auszuüben,
4. von einem oder mehreren Gesellschaftern nach dem Privatstiftungsgesetz, BGBl. Nr. 694/1993, errichtete Privatstiftungen, deren ausschließlicher Stiftungszweck die Unterstützung der in den Z 1 und 2 genannten Personen ist und deren Stiftungsvorstand ausschließlich Berufsberechtigte angehören,
5. nach ausländischem Recht Berufsberechtigte, wenn ihre Kapitalanteile am Gesellschaftsvermögen und ihre Stimmrechte ein Viertel nicht übersteigen, sofern zwischen Österreich und dem Staat, in dem die Berufsberechtigung erlangt wurde, Reziprozität gegeben ist und eine ähnliche Ausbildung nachgewiesen wird und die Geschäftsführung und die Vertretung nach außen mehrheitlich durch in Österreich Berufsberechtigte erfolgt, und
6. bei Wirtschaftsprüfungsgesellschaften, Abschlussprüfer und Prüfungsgesellschaften gemäß Art. 2 Z 2 und 3 der Abschlussprüfungs-RL, die in einem anderen Mitgliedstaat der EU oder eines Vertragsstaates des EWR oder der Schweizerischen Eidgenossenschaft zugelassen sind, wenn ihre Kapitalanteile am Gesellschaftsvermögen und ihre Stimmrechte drei Viertel nicht übersteigen.

(2) Unter Kindern sind alle Deszendenten, Schwieger-, Stief- und Adoptivkinder zu verstehen.

(3) Sämtliche Gesellschafter unterliegen den Bestimmungen dieses Bundesgesetzes.

(4) Gesellschafter gemäß Abs. 1 Z 2 müssen besitzen:

1. einen in einem EU- oder EWR-Mitgliedstaat gelegenen Hauptwohnsitz,
2. die besondere Vertrauenswürdigkeit gemäß § 9 und
3. geordnete wirtschaftliche Verhältnisse gemäß § 10.

(5) Alle Gesellschafter müssen ihre Rechte im eigenen Namen und auf eigene Rechnung innehaben. Die

treuhänderische Ausübung von Gesellschaftsrechten, partiarische Darlehen und ähnliche Vertragsverhältnisse sind unzulässig. Stille Beteiligungen sind nur durch den im Abs. 1 umschriebenen Personenkreis zulässig und der Kammer der Wirtschaftstreuhänder unverzüglich zu melden.

(6) Bei Aktiengesellschaften haben die Aktien auf Namen zu lauten. Die Übertragung von Namensaktien ist nur mit Zustimmung der Gesellschaft zulässig.

(7) Das Erlöschen der Berufsberechtigung eines Gesellschafters während der Dauer der Zugehörigkeit zur Gesellschaft bewirkt den Widerruf der Anerkennung der letzteren, wenn der ehemalige Berufsberechtigte nicht innerhalb von sechs Monaten aus der Gesellschaft ausscheidet. Diese Rechtsfolge tritt jedoch nicht ein, wenn das Erlöschen ausschließlich dadurch erfolgt, dass der ehemalige Berufsberechtigte auf seine Berufsberechtigung verzichtet hat, um in den Genuss einer ihm wegen seines Alters oder wegen seiner Berufsunfähigkeit zustehenden Pension aus der gesetzlichen Sozialversicherung zu gelangen.

(8) Stirbt ein Berufsberechtigter, so ist sein Ehegatte bis zu seiner allfälligen Wiederverehelichung oder Begründung einer eingetragenen Partnerschaft, sind seine Kinder bis zur Vollendung ihres 35. Lebensjahres und sein eingetragener Partner bis zu einer allfälligen Verehelichung oder Begründung einer neuerlichen eingetragenen Partnerschaft berechtigt, in seine Stellung als Gesellschafter einzutreten, sofern sie seinen Gesellschaftsanteil von Todes wegen erworben haben. Der Ehegatte, die Kinder und der eingetragene Partner haben zu den angeführten Zeitpunkten aus der Gesellschaft auszuscheiden, wenn sie bis dahin nicht bereits selbst berufsberechtigt sind.

(9) Jede Veränderung in der Geschäftsführung, in der Zusammensetzung der Gesellschafter und der Gesellschaftsanteile, bei der Verteilung der Stimmrechte und der Verlegung des Sitzes ist der Kammer der Wirtschaftstreuhänder binnen einem Monat anzuzeigen.

(10) Sämtliche Berechtigungen nach diesem Bundesgesetz, ausgenommen Berechtigungen gemäß § 3 Abs. 1 und Abs. 2 Z 1 bis 4, ruhen, wenn entweder die Kapitalanteile am Gesellschaftsvermögen oder die Stimmrechte von Abschlussprüfern und Prüfungsgesellschaften gemäß Art. 2 Z 2 und 3 der

Abschlussprüfungs-RL, die in einem anderen Mitgliedstaat der EU oder eines Vertragsstaates des EWR oder der Schweizerischen Eidgenossenschaft zugelassen sind, ein Viertel übersteigen. Über diese Rechtsfolge hat die Kammer der Wirtschaftstreuhänder die betroffene Gesellschaft schriftlich und nachweislich zu informieren. Das Ruhen tritt mit Ablauf einer einmonatigen Frist nach erfolgter Zustellung der Information durch die Kammer der Wirtschaftstreuhänder ein.

Förmlicher Bestätigungsvermerk

§ 57. Förmliche Bestätigungsvermerke, die durch eine Gesellschaft erteilt werden, müssen die firmenmäßige Zeichnung durch Unterschrift von in der Gesellschaft tätigen, im Firmenbuch zur Vertretung nach außen eingetragenen und nach diesem Bundesgesetz zur Ausübung des Wirtschaftstreuhandberufes Wirtschaftsprüfer Berechtigten, die zur Erteilung des betreffenden Bestätigungsvermerkes persönlich befugt sind, enthalten. Der gemäß § 77 Abs. 9 für die Prüfung verantwortliche Berufsberechtigte hat den Bestätigungsvermerk jedenfalls zu unterschreiben.

Aufsichtsrat

§ 58. (1) Aufsichtsratsmitglieder müssen besitzen:

    1. einen in einem EU- oder EWR-Mitgliedstaat gelegenen Hauptwohnsitz,

    2. die besondere Vertrauenswürdigkeit gemäß § 9 und

    3. geordnete wirtschaftliche Verhältnisse gemäß § 10.

(2) Aufsichtsratsmitglieder unterliegen der Verpflichtung zur Verschwiegenheit.

2. Abschnitt

Interdisziplinäre Zusammenarbeit

Voraussetzungen

§ 59. (1) Allgemeine Voraussetzungen für die Anerkennung einer Gesellschaft, der andere als in § 56 Abs. 1 aufgezählte Gesellschafter angehören und die neben der Ausübung eines Wirtschaftstreuhandberufes andere Tätigkeiten auszuüben beabsichtigt, sind:

    1. die berufsrechtliche Bestellung oder Anerkennung zur befugten Ausübung anderer zulässiger beruflicher Tätigkeiten gemäß § 60,

2. das Vorliegen einer Gesellschaftsform gemäß § 61,

3. ein schriftlich abgeschlossener Gesellschaftsvertrag,

4. eine Firma gemäß § 62,

5. Gesellschafter gemäß § 63,

6. eine abgeschlossene Vermögensschaden-Haftpflichtversicherung gemäß § 11 und

7. geordnete wirtschaftliche Verhältnisse gemäß § 10.

(2) Weitere Voraussetzungen für die Anerkennung einer Gesellschaft, die neben der Ausübung eines Wirtschaftstreuhandberufes andere Tätigkeiten auszuüben beabsichtigt, sind:

1. Bei Ausübung des Wirtschaftstreuhandberufes Steuerberater

   a) eine Aufteilung der Kapitalanteile oder des Grund- oder Stammkapitals und der Stimmrechte und

   b) eine Geschäftsführung und eine Vertretung, die zumindest eine Gleichberechtigung der Berufsberechtigten, welche den Wirtschaftstreuhandberuf Steuerberater ausüben, mit jenen der anderen Berufe gemäß § 60 gewährleistet,

2. bei Ausübung des Wirtschaftstreuhandberufes Wirtschaftsprüfer

   a) eine Aufteilung der Kapitalanteile oder des Grund- oder Stammkapitals und der Stimmrechte und

   b) eine Geschäftsführung und eine Vertretung, die zumindest eine Gleichberechtigung der Berufsberechtigten, welche den Wirtschaftstreuhandberuf Wirtschaftsprüfer ausüben, mit jenen der anderen Berufe gemäß § 60 gewährleistet,

3. bei gleichzeitiger Ausübung der Wirtschaftstreuhandberufe Steuerberater und Wirtschaftsprüfer

   a) eine Aufteilung der Kapitalanteile oder des Grund- oder Stammkapitals und der Stimmrechte, sodass Personen, die über die Berufsberechtigung Steuerberater oder Wirtschaftsprüfer verfügen, jeweils zusammen über jeweils zumindest 25% der Anteile und der Stimmrechte verfügen, wobei diese wiederum gleichberechtigt zueinander beteiligt sein müssen und

b) eine Geschäftsführung und eine Vertretung durch Berufsberechtigte, die zur selbständigen Ausübung der Berufsbefugnis der entsprechenden Berufsgruppen berechtigt sind, einzeln oder kollektiv auch ohne Mitwirkung anderer.

(3) Die Vertretung der Gesellschaft in Angelegenheiten des Berechtigungsumfanges der Wirtschaftstreuhänder durch Angehörige von Berufen gemäß § 60 Abs. 1 ist unzulässig, soweit die betreffende Tätigkeit nicht auch von der Berechtigung des jeweiligen Berufsangehörigen umfasst ist. In allen Fällen des Abs. 1 gilt § 52 Abs. 2 entsprechend.

Andere berufliche Tätigkeiten

§ 60. (1) Gesellschaften, die einen Wirtschaftstreuhandberuf auszuüben beabsichtigen, sind auch berechtigt, Tätigkeiten anderer freier Berufe, der Bilanzbuchhalter und der Gewerbe der Unternehmensberater und der Ingenieurbüros (Beratende Ingenieure) auszuüben, wenn und insoweit dies nach den betreffenden inländischen berufsrechtlichen Vorschriften zulässig ist. Diese haben zumindest jenen Anforderungen zu entsprechen, welche die inländischen berufsrechtlichen Vorschriften von Ausübenden von Wirtschaftstreuhandberufen vorsehen.

(2) Der Bundesminister für Arbeit und Wirtschaft hat im Einvernehmen mit den jeweils zuständigen Bundesministern durch Verordnung festzustellen, in welchen Fällen die Voraussetzungen gemäß Abs. 1 vorliegen.

Gesellschaftsformen

§ 61. Die Ausübung eines Wirtschaftstreuhandberufes und der in § 60 Abs. 1 aufgezählten Tätigkeiten ist durch Personen- und Kapitalgesellschaften des Unternehmensrechts, die in das Firmenbuch eingetragen werden können, zulässig.

Firma

§ 62. Die Firma hat einen Hinweis auf den ausgeübten Wirtschaftstreuhandberuf zu enthalten.

Gesellschafter

§ 63. (1) Gesellschafter dürfen nur folgende Personen sein:

1. berufsberechtigte natürliche Personen,
2. Gesellschaften, die berechtigt sind, einen Wirtschaftstreuhandberuf auszuüben,

3. natürliche Personen, die eine andere berufliche Tätigkeit gemäß § 60 Abs. 1 selbständig ausüben,

4. Gesellschaften, die eine andere berufliche Tätigkeit gemäß § 60 Abs. 1 ausüben, und

5. nach ausländischem Recht zu einer anderen beruflichen Tätigkeit gemäß § 60 Abs. 1 Befugte, wenn ihr Kapitalanteil am Gesellschaftsvermögen und ihre Stimmrechte ein Viertel nicht übersteigen.

(2) Gesellschafter müssen besitzen:

1. einen in einem EU- oder EWR-Mitgliedstaat gelegenen Hauptwohnsitz,

2. die besondere Vertrauenswürdigkeit gemäß § 9 und

3. geordnete wirtschaftliche Verhältnisse gemäß § 10.

(3) Auf Gesellschafter gemäß Abs. 1 Z 1 ist § 56 Abs. 5 anzuwenden.

(4) Für alle Gesellschafter gilt § 56 Abs. 7. In Hinblick auf von Berufsberechtigten gehaltene Gesellschaftsanteile gilt § 56 Abs. 8.

Sonstige Bestimmungen

§ 64. Gesellschaften im Sinne dieses Abschnittes

1. unterliegen den jeweiligen inländischen berufsrechtlichen Vorschriften entsprechend ihrer berufsrechtlichen Anerkennungen,

2. sind jeweils Mitglied jener gesetzlich berufenen Vertretung, denen sie aufgrund ihrer berufsrechtlichen Anerkennungen angehören, und

3. dürfen keine Mandanten vertreten, deren Interessen durch Ausübung der Berufsbefugnis und anderer beruflicher Tätigkeiten der Gesellschaft und der Gesellschafter einander widerstreiten.

3. Abschnitt

Anerkennungsverfahren

Antrag auf Anerkennung

§ 65. Gesellschaften, die einen Wirtschaftstreuhandberuf auszuüben beabsichtigen, haben einen schriftlichen Antrag auf Anerkennung unter Beibringung der erforderlichen Belege zum Nachweis der Erfüllung der Voraussetzungen für die Anerkennung zu stellen.

Anspruch auf Anerkennung

§ 66. (1) Gesellschaften, welche die Voraussetzungen für die Anerkennung erfüllen, haben Anspruch auf Anerkennung.

(2) Vor Anerkennung darf ein Wirtschaftstreuhandberuf nicht ausgeübt werden.

(3) Gründet eine berufsberechtigte natürliche Person oder eine Gesellschaft, die zur Ausübung eines Wirtschaftstreuhandberufes berechtigt ist, einen Betrieb oder Teilbetrieb durch eine im 1. Hauptstück des 1. Teils des Umgründungssteuergesetzes, BGBl. Nr. 699/1991, bezeichnete Umgründung in eine Wirtschaftstreuhandgesellschaft um, so hat die Anerkennung rückwirkend mit dem Tag der Eintragung in das Firmenbuch zu erfolgen, wenn die Gesellschaft an diesem Tag die Anerkennungsvoraussetzungen erfüllt.

Anerkennung

§ 67. (1) Die Kammer der Wirtschaftstreuhänder hat über die Anerkennung eine Urkunde auszustellen.

(2) Voraussetzung für die Anerkennung von Gesellschaften gemäß dem 3. Hauptstück, 2. Abschnitt, ist die Herstellung des Einvernehmens mit der jeweils zuständigen Behörde.

Versagung der Anerkennung

§ 68. Die Kammer der Wirtschaftstreuhänder hat die Anerkennung mit Bescheid zu versagen, wenn eine der Anerkennungsvoraussetzungen nicht erfüllt ist.

Nichtigkeit

§ 69. Anerkennungen sind nichtig und vom Bundesminister für Arbeit und Wirtschaft, bei Gesellschaften gemäß dem 3. Hauptstück, 2. Abschnitt, im Einvernehmen mit den jeweils zuständigen Bundesministern, gemäß § 68 Abs. 4 Z 4 AVG für nichtig zu erklären, wenn im Zeitpunkt der Anerkennung eine der Anerkennungsvoraussetzungen nicht erfüllt war und weiterhin nicht erfüllt ist.

Eintragung – Verlautbarung

§ 70. Anerkannte Gesellschaften sind von Amts wegen in die Liste der Wirtschaftstreuhänder einzutragen.

4. Hauptstück
Rechte und Pflichten
1. Abschnitt
Allgemeine Bestimmungen

Allgemeines

§ 71. (1) Berufsberechtigte sind verpflichtet, ihren Beruf gewissenhaft, sorgfältig, eigenverantwortlich und unabhängig und unter Beachtung der in diesem Hauptstück und der in den Richtlinien gemäß § 72 enthaltenen Bestimmungen auszuüben.

(2) Wird ein Berufsberechtigter als Mediator tätig, so hat er auch dabei die ihn als Berufsberechtigten treffenden Berufspflichten einzuhalten. Besondere Regelungen für Mediatoren nach anderen Rechtsvorschriften werden dadurch nicht berührt.

(3) Berufsberechtigte natürliche Personen sind verpflichtet, ihre beruflichen Kenntnisse auf dem neuesten Stand zu halten. Sie sind verpflichtet, sich jeweils innerhalb eines Zeitraumes von drei Jahren im Ausmaß von 120 Stunden fortzubilden. Pro Kalenderjahr hat das Ausmaß der Fortbildung zumindest 30 Stunden zu betragen. Die in einem Kalenderjahr absolvierten Fortbildungsmaßnahmen sind der Kammer der Wirtschaftstreuhänder bis spätestens 31. März des Folgejahres schriftlich bekannt zu geben.

Ausübungsrichtlinien

§ 72. (1) Die Kammer der Wirtschaftstreuhänder hat durch Verordnungen Richtlinien für die Ausübung der Wirtschaftstreuhandberufe zu erlassen.

(2) Diese Richtlinien haben insbesondere zu regeln:
1. das standesgemäße Verhalten im Geschäftsverkehr mit Auftraggebern,
2. das standesgemäße Verhalten gegenüber anderen Berufsberechtigten, Berufsanwärtern und Personen anderer Berufe, die durch die Ausübung des Wirtschaftstreuhandberufes berührt werden,
3. die nähere Ausgestaltung betreffend die Verpflichtung zu einer kritische Grundhaltung gemäß § 77 Abs. 7,
4. die nähere Ausgestaltung betreffend die Verpflichtung zur Gewährleistung der Unabhängigkeit bei der

Durchführung von Prüfungs- oder Sachverständigenaufträgen gemäß § 77 Abs. 2,

5. die Kontrolle der Pflichten von Berufsberechtigten,

6. angemessene Vorkehrungen zum Schutz der Berufsberechtigten vor einer Ausnutzung durch die organisierte Kriminalität und einer Verwicklung in diese,

7. die nähere Ausgestaltung der Sorgfaltspflichten im Hinblick auf Geldwäsche und Terrorismusfinanzierung,

8. die Erstellung von Risikoprofilen betreffend Geschäftsbeziehungen im Hinblick auf Geldwäsche und Terrorismusfinanzierung,

9. Anleitungen über erweiterte Sorgfaltspflichten für risikoreiche Geschäfte im Hinblick auf Geldwäsche und Terrorismusfinanzierung,

10. die nähere Ausgestaltung von Fortbildungsmaßnahmen zur Erfüllung der Fortbildungsverpflichtung sowie nähere Bestimmungen zur Meldung von Fortbildungsmaßnahmen sowie deren Überprüfung durch die Kammer der Wirtschaftstreuhänder und

11. die interne Organisation von Prüfbetrieben gemäß internationalen Standards und europarechtlichen Vorgaben.

Berufsbezeichnungen

§ 73. (1) Natürliche Personen, die zur selbständigen Ausübung eines Wirtschaftstreuhandberufes berechtigt sind, sind verpflichtet, sich zu bezeichnen bei Ausübung des Wirtschaftstreuhandberufes

1. Steuerberater als „Steuerberater" und

2. Wirtschaftsprüfer als „Wirtschaftsprüfer".

(2) Natürliche Personen gemäß § 1 sind Wirtschaftstreuhänder im Sinne dieses Bundesgesetzes und berechtigt, neben der Berufsbezeichnung gemäß Abs. 1 auch die Bezeichnung „Wirtschaftstreuhänder" zu führen.

(3) Weibliche Berufsberechtigte sind berechtigt, die in Abs. 1 und 2 genannten Berufsbezeichnungen in ihrer weiblichen Form zu führen.

(4) Berufsberechtigte, welche eine andere vereinbarte berufliche Tätigkeit befugt ausüben, sind berechtigt, neben der

Berufsbezeichnung gemäß Abs. 1 bis 3 auch auf diese hinzuweisen.

Zweigstellen

§ 74. (1) Berufsberechtigte sind berechtigt, ihren Beruf von ihrem Berufssitz aus im gesamten Bundesgebiet auszuüben.

(2) Berufsberechtigte sind berechtigt, Zweigstellen zu errichten. Voraussetzung für die Errichtung einer Zweigstelle ist die Übertragung der Leitung der Zweigstelle an eine Person mit aufrechter Berufsbefugnis nach diesem Bundesgesetz, welche für die in der Zweigstelle ausgeübten Tätigkeiten erforderlich ist. Ein Berufsberechtigter darf höchstens vier Zweigstellenleitungen übernehmen und ausüben.

(3) Die Errichtung einer Zweigstelle ist der Kammer der Wirtschaftstreuhänder unverzüglich zu melden. Der Meldung sind die erforderlichen Urkunden zum Nachweis der Erfüllung der Voraussetzung gemäß Abs. 2 anzuschließen.

(4) Die Kammer der Wirtschaftstreuhänder hat die Errichtung einer Zweigstelle binnen vier Wochen nach erfolgter Meldung mit Bescheid zu untersagen, wenn die Voraussetzung gemäß Abs. 2 nicht erfüllt ist.

(5) Die Ausübung wirtschaftstreuhänderischer Tätigkeiten in einer Zweigstelle ist von der Kammer der Wirtschaftstreuhänder mit Bescheid zu untersagen, wenn die Voraussetzung gemäß Abs. 2 weggefallen ist.

Ausgelagerte Abteilungen

§ 75. (1) Ausgelagerte Abteilungen sind vom Berufssitz eines Berufsberechtigten räumlich getrennte Organisationseinheiten, die

1. im Zusammenhang mit den am Berufssitz des Berufsberechtigten bestehenden Organisationseinheiten organisatorisch und funktionell eine Einheit bilden,

2. sich in unmittelbarer Nähe des Berufssitzes befinden und

3. vom Berufssitz aus einer fachlichen Kontrolle unterstehen.

(2) Ausgelagerte Abteilungen haben einen für die Allgemeinheit sichtbaren Hinweis auf ihre Eigenschaft als ausgelagerte Abteilung und auf den Berufssitz zu enthalten.

Schlichtungsverfahren

§ 76. (1) Berufsberechtigte und Fortführungsberechtigte sind verpflichtet, dem Schlichtungsausschuss vor Beschreiten des Rechtsweges zur Schlichtung vorzulegen:

1. berufsspezifische Streitigkeiten untereinander,
2. berufsspezifische Streitigkeiten mit Berufsanwärtern und
3. Streitigkeiten im Zusammenhang mit Tätigkeiten in der Standesvertretung.

(2) Als berufsspezifisch gelten Streitigkeiten, wenn sie in unmittelbarem Zusammenhang mit der Berufsausübung stehen. Nicht zur Schlichtung vorzulegen sind Angelegenheiten der Arbeitsgerichtsbarkeit, soweit diese nicht unmittelbar in Zusammenhang mit der wirtschaftstreuhänderischen Berufsausübung stehen.

(3) Ein Schlichtungsausschuss ist am Sitz jeder Landesstelle einzurichten. Der Schlichtungsausschuss hat seine Tätigkeit in aus drei Mitgliedern bestehenden Senaten auszuüben. Haben die Streitteile ihren Berufssitz, in Ermangelung eines solchen den Hauptwohnsitz, in verschiedenen Bundesländern, so ist der zuerst angerufene Schlichtungsausschuss zuständig.

(4) Die Senate der Schlichtungsausschüsse haben jedenfalls innerhalb von drei Monaten nach Vorlage einer Streitigkeit das Schlichtungsverfahren zu beenden.

(5) Das Beschreiten des Rechtsweges in Streitigkeiten gemäß Abs. 1 ist unzulässig, wenn

1. der Rechtsweg vor Vorlage der Streitigkeit an den Schlichtungsausschuss beschritten wird oder
2. der Rechtsweg vor Beendigung des Schlichtungsverfahrens beschritten wird.

(6) Während ein Schlichtungsausschuss mit einer Rechtssache befasst ist, sind sämtliche Verjährungs- und Verwirkungsfristen materiell-rechtlicher und prozessualer Art gehemmt. Nach Beendigung des Schlichtungsverfahrens beginnen sämtliche Fristen wieder zu laufen.

(7) Die Kammer der Wirtschaftstreuhänder hat eine Schlichtungsordnung zu erlassen. Die Schlichtungsordnung hat unter Einhaltung allgemeiner Verfahrensgrundsätze nähere Vorschriften über das Schlichtungsverfahren zu enthalten.

Aufträge und Bevollmächtigung

§ 77. (1) Berufsberechtigte sind verpflichtet, die Übernahme eines Auftrages abzulehnen, der sie bei Ausübung ihrer Tätigkeit an Weisungen fachlicher Art des Auftraggebers binden würde. Die Annahme von Aufträgen durch Berufsberechtigte, die sowohl dem Grunde als auch der Höhe nach im Deckungsumfang ihrer Vermögensschaden-Haftpflichtversicherung nicht enthalten sind, ist unzulässig. Die Kammer der Wirtschaftstreuhänder ist berechtigt, alle oder bestimmte Deckungsumfänge der Vermögensschaden-Haftpflichtversicherungen des Berufsberechtigten zu prüfen und das Ergebnis der Abschlussprüferaufsichtsbehörde (im Folgenden: APAB) mitzuteilen. Bei hinreichenden Bedenken oder im Fall eines Auskunftsersuchens der APAB hat die Kammer der Wirtschaftstreuhänder eine solche Prüfung ohne unnötigen Verzug durchzuführen. Der Berufsberechtigte hat der Kammer der Wirtschaftstreuhänder alle für die Prüfung erforderlichen Informationen und Unterlagen zur Verfügung zu stellen.

(2) Wirtschaftsprüfer und Wirtschaftsprüfungsgesellschaften, die Abschlussprüfungen durchführen, sind verpflichtet, Prüfungs- oder Sachverständigenaufträge abzulehnen, wenn Ausschließungsgründe oder Befangenheitsgründe gemäß § 19 oder § 20 JN vorliegen. Wirtschaftsprüfer und Wirtschaftsprüfungsgesellschaften, die Abschlussprüfungen durchführen, haben einen bereits übernommenen Prüfungs- oder Sachverständigenauftrag zurückzulegen, wenn Ausschließungsgründe oder Befangenheitsgründe gemäß § 19 oder § 20 JN nachträglich bekannt werden oder nachträglich eintreten, sofern diese nicht unverzüglich, spätestens jedoch innerhalb von drei Monaten, beseitigt sind. Wirtschaftsprüfer und Wirtschaftsprüfungsgesellschaften, die Abschlussprüfungen durchführen, haben zu gewährleisten, dass ihre Unabhängigkeit bei der Durchführung von Prüfungs- oder Sachverständigenaufträgen nicht beeinträchtigt wird. Wirtschaftsprüfer und Wirtschaftsprüfungsgesellschaften, die Abschlussprüfungen durchführen, sind verpflichtet, alle angemessenen Maßnahmen zu ergreifen, um ihre Unabhängigkeit bei der Durchführung von Prüfungs- oder Sachverständigenaufträgen zu gewährleisten.

(3) Berufsberechtigte sind verpflichtet, vor der Annahme oder der Fortsetzung eines Prüfungs- oder

Sachverständigenauftrages zu prüfen, zu beurteilen und zu dokumentieren:

1. alle Umstände betreffend ihre Unabhängigkeit einschließlich allfälliger Gefährdungen ihrer Unabhängigkeit und allfällig ergriffener Schutzmaßnahmen zur Verminderung dieser Gefährdungen und

2. die Verfügbarkeit über kompetente Mitarbeiter, die Zeit und die Ressourcen, die zu einer angemessenen Durchführung des Prüfungs- oder Sachverständigenauftrages erforderlich sind.

(4) Wirtschaftstreuhänder dürfen eine Vertretungsvollmacht nur annehmen, wenn nicht ein anderer Wirtschaftstreuhänder zur Vertretung bevollmächtigt ist. Abweichend von § 1022 des Allgemeinen bürgerlichen Gesetzbuches (ABGB), JGS Nr. 946/1811, wird die erteilte Vollmacht durch den Tod des Gewalthabers nicht aufgehoben, es sei denn dies wird ausdrücklich vereinbart. Eine einem Wirtschaftstreuhänder erteilte Vollmacht gilt als eine dem Fortbetrieb erteilte.

(5) Berufsberechtigte sind berechtigt, einen bereits übernommenen Auftrag zurückzulegen, wenn ein wichtiger Grund vorliegt. Wichtige Gründe sind insbesondere

1. die sich nachträglich ergebende Unerfüllbarkeit des Auftrages oder

2. die Verhinderung durch eine Krankheit oder

3. die sich nachträglich ergebende Feststellung, dass der Auftraggeber bewusst unrichtige oder unvollständige Unterlagen zur Verfügung gestellt hat.

(6) Berufsberechtigte sind berechtigt, die ihnen erteilten Auskünfte und übergebenen Unterlagen des Auftraggebers, insbesondere Zahlenangaben, als richtig und vollständig anzusehen. Prüfungsaufträge und andere Aufträge, die zur Unparteilichkeit und Unabhängigkeit verpflichten, dürfen nur nach gewissenhafter Erhebung des Zutreffens der zu bestätigenden Tatsachen und Umstände ausgeführt werden.

(7) Wirtschaftsprüfer und Wirtschaftsprüfungsgesellschaften, die Abschlussprüfungen durchführen, haben bei Durchführung von Abschlussprüfungen eine kritische Grundhaltung gemäß Art. 21 Abs. 2 der Abschlussprüfungs-RL einzunehmen und während der gesamten Prüfung beizubehalten.

Wirtschaftsprüfer und Wirtschaftsprüfungsgesellschaften, die Abschlussprüfungen durchführen, sind ungeachtet ihrer bisherigen Erfahrungen verpflichtet, die Möglichkeit in Betracht zu ziehen, dass es aufgrund von Sachverhalten oder Verhaltensweisen, die auf Unregelmäßigkeiten wie Betrug oder Irrtümer hinweisen, zu einer wesentlichen falschen Darstellung gekommen sein könnte. Wirtschaftsprüfer und Wirtschaftsprüfungsgesellschaften, die Abschlussprüfungen durchführen, sind zu einer kritischen Grundhaltung insbesondere verpflichtet bei der Beurteilung

1. von Prüfungsnachweisen und

2. von Schätzungen in Bezug auf Zeitwertangaben, auf Wertminderungen von Vermögenswerten, auf Rückstellungen und auf künftige Cashflows.

(8) Berufsberechtigte sind verpflichtet, die übernommenen Angelegenheiten, Aufgaben, Vertretungen und Verteidigungen gesetzmäßig zu führen und die Rechte des Auftraggebers gegen jedermann mit Treue und Nachdruck zu verfolgen. Sie sind im Rahmen ihrer Aufträge befugt, alle ihren Auftraggebern zur Verfügung stehenden gesetzmäßigen Angriffs- und Verteidigungsmittel zu gebrauchen.

(9) Gesellschaften, die einen Wirtschaftstreuhandberuf ausüben, haben für jeden von ihnen übernommenen Auftrag mindestens eine natürliche Person, welche die für die Erledigung entsprechende Berufsberechtigung besitzt, zu bestimmen. Der Name des für die Erledigung bestimmten Berufsberechtigten ist dem Auftraggeber schriftlich bekanntzugeben.

(10) Personen, die für einen Berufsberechtigten in welchem Rechtsverhältnis auch immer tätig sind, dürfen während, innerhalb und anlässlich der Beendigung dieser Tätigkeit nur mit Zustimmung des Berufsberechtigten

1. Aufträge oder Bevollmächtigungen von dessen Klienten selbst übernehmen oder

2. dessen Klienten anderen Berufsberechtigten zuführen.

(11) Beruft sich ein Berufsberechtigter im beruflichen Verkehr auf die ihm erteilte Bevollmächtigung, so ersetzt diese Berufung den urkundlichen Nachweis.

(12) Vereinbarungen in Allgemeinen Geschäftsbedingungen über einen generellen Haftungsausschluss sind unzulässig.

(13) Honorare für Abschlussprüfungen und die Prüfungsverträge dürfen nicht von der Erbringung zusätzlicher Leistungen für das geprüfte Unternehmen beeinflusst oder bestimmt und an keinerlei Bedingungen geknüpft werden. Das Honorar hat in einem angemessenen Verhältnis zu den Aufgaben und dem voraussichtlichen Umfang der Abschlussprüfung zu stehen.

Interdisziplinäre Zusammenarbeit – Werkverträge

§ 78. (1) Berufsberechtigte sind berechtigt, Angehörige anderer selbständiger Berufe für einzelne bestimmte und übliche Aufgaben durch Werkvertrag heranzuziehen.

(2) Die Beteiligung am Unternehmen eines Berufsberechtigten in Form eines partiarischen Darlehens und einer Gesellschaft nach bürgerlichem Recht, auch als Innengesellschaft oder Unterbeteiligung, ist nicht gestattet.

Andere Tätigkeiten

§ 79. (1) Berufsberechtigte sind berechtigt, auch andere Tätigkeiten selbständig oder unselbständig auszuüben.

(2) Die Ausübung anderer selbständiger oder unselbständiger Tätigkeiten neben der Ausübung eines Wirtschaftstreuhandberufes ist unzulässig, wenn sie auf Provisionsbasis beruhen oder die Unabhängigkeit bei der Ausübung der Berufsberechtigung gefährden.

(3) Jede selbständige und unselbständige Tätigkeit ist der Kammer der Wirtschaftstreuhänder unverzüglich anzuzeigen.

(4) Die Kammer der Wirtschaftstreuhänder hat selbständige oder unselbständige Tätigkeiten mit Bescheid zu untersagen, wenn diese:

1. auf Provisionsbasis beruhen oder

2. die Unabhängigkeit des Berufsberechtigten gefährden.

Verschwiegenheitspflicht

§ 80. (1) Berufsberechtigte sind zur Verschwiegenheit über die ihnen anvertrauten Angelegenheiten verpflichtet. Für diese Verschwiegenheitspflicht ist es ohne Bedeutung, ob die Kenntnis dieser Umstände und Tatsachen auch anderen Personen zugänglich ist oder nicht.

(2) Die Verschwiegenheitspflicht der Berufsberechtigten erstreckt sich auch auf persönliche Umstände und Betriebs- oder Geschäftsgeheimnisse, die ihnen bei Durchführung erteilter Aufträge oder im Zuge eines behördlichen, nicht

öffentlichen Verfahrens in Ausübung ihres Berufes als solche bekanntgeworden sind.

(3) Inwieweit ein Berufsberechtigter in Ansehung dessen, was ihm in Ausübung seines Berufes bekanntgeworden ist, von der Verbindlichkeit zur Ablegung eines Zeugnisses, zur Einsichtgewährung in Geschäftspapiere oder zur Erteilung von Auskünften im Verwaltungs-, Abgaben-, Zivil- und Strafverfahren befreit ist, bestimmen die Verwaltungs- und Abgabenverfahrensgesetze sowie die Zivil- und Strafprozessordnung, jedoch mit der Maßgabe, dass im Abgabenverfahren vor den Finanzbehörden einem Berufsberechtigten die gleichen Rechte wie einem Rechtsanwalt zustehen.

(3a) Soweit dies das Recht des Berufsberechtigten auf Verschwiegenheit zur Sicherstellung des Schutzes des Auftraggebers oder der Rechte und Freiheiten anderer Personen oder der Durchsetzung zivilrechtlicher Ansprüche erfordert, kann sich die betroffene Person (Art. 4 Z 1 DSGVO) nicht auf die Rechte der Art. 12 bis 22 und Art. 34 der Verordnung (EU) 2016/679 zum Schutz natürlicher Personen bei der Verarbeitung personenbezogener Daten, zum freien Datenverkehr und zur Aufhebung der Richtlinie 95/46/EG (Datenschutz-Grundverordnung), ABl. Nr. L 119 vom 4.5.2016 S. 1 (im Folgenden: DSGVO), sowie des § 1 Abs. 3 DSG berufen.

(4) Die Verschwiegenheitspflicht entfällt, wenn und insoweit

1. Melde- und Auskunftspflichten im Rahmen der Bestimmungen der Richtlinie (EU) 2015/849 zur Verhinderung der Nutzung des Finanzsystems zum Zwecke der Geldwäsche und der Terrorismusfinanzierung; zur Änderung der Verordnung (EU) Nr. 648/2012 und zur Aufhebung der Richtlinie 2005/60/EG und der Richtlinie 2006/70/EG in der Fassung der Richtlinie (EU) 2018/843 ABl. Nr. L 156 vom 19.06.2018 S. 43(im Folgenden: Geldwäsche-RL), und den damit im Zusammenhang erlassenen Umsetzungsmaßnahmen bestehen oder

2. der Auftraggeber den Berufsberechtigten ausdrücklich von dieser Pflicht entbunden hat oder

3. die Weitergabe und Verarbeitung von Informationen, auch in Form elektronischer Datenbanken und

Informationsverbundsysteme, für die Beurteilung von Befangenheit und Ausgeschlossenheit im Netzwerk, einschließlich zu Netzwerkmitgliedern im Ausland, vor Übernahme eines Abschlussprüfermandates und während der Durchführung desselben durch Netzwerkmitglieder (§§ 270 Abs. 1a, 271 bis 271c des Unternehmensgesetzbuches, dRGBl. S 219/1897) erforderlich ist, oder

4. Informations-, Melde- und Auskunftspflichten auf Grund des Abschlussprüfer-Aufsichtsgesetzes (APAG), BGBl. I Nr. 83/2016, der Verordnung (EU) Nr. 537/2014 über spezifische Anforderungen an die Abschlussprüfung bei Unternehmen von öffentlichem Interesse, ABl. Nr. L 158 vom 27.05.2014 S. 77, oder des Unternehmensgesetzbuches, dRGBl. S 219/1897, welche im Zusammenhang mit der Umsetzung der Abschlussprüfungs-RL, stehen.

(5) Die Bestimmungen der Abs. 1 bis 4 gelten sinngemäß für die Erfüllungsgehilfen der Berufsberechtigten, Gesellschafter, Aufsichtsräte, Prokuristen und Berufsanwärter.

Stellvertretung – Bestellungsberechtigung

§ 81. (1) Berufsberechtigte natürliche Personen sind berechtigt, sich bei Verhinderung durch einen anderen Berufsberechtigten vertreten zu lassen.

(2) Der Vertretene hat der Kammer der Wirtschaftstreuhänder die Bestellung seines Vertreters unverzüglich bekanntzugeben.

(3) Eine Vertretung ist nur insoweit zulässig, als die Berufsbefugnisse des Vertreters reichen.

(4) Erfolgt die Bestellung des Stellvertreters mit Zustimmung des Auftraggebers, so haftet der Vertretene diesem nur nach Maßgabe des § 1010 ABGB zweiter Satz. Andernfalls gelten für die Haftung des Vertretenen die Grundsätze des Werkvertrages.

Stellvertretung – Bestellungsverpflichtung

§ 82. (1) Berufsberechtigte natürliche Personen sind verpflichtet, bei voraussichtlich länger dauernder Verhinderung einen Berufsberechtigten zum Stellvertreter zu bestellen.

(2) Die Bestellung ist der Kammer der Wirtschaftstreuhänder unverzüglich bekanntzugeben.

(3) Eine Vertretung ist nur insoweit zulässig, als die Berufsbefugnisse des Vertreters reichen.

(4) Überschreitet die Dauer der Vertretung ein Jahr, so hat der Vertretene bei der Kammer der Wirtschaftstreuhänder um Genehmigung anzusuchen. Eine Genehmigung ist dann zu verweigern, wenn die Verhinderung an der persönlichen Berufsausübung nicht mehr gegeben ist. Bei Unterlassung der Einholung der Genehmigung hat die Kammer der Wirtschaftstreuhänder die Berufsberechtigung des Vertretenen mit Bescheid zu widerrufen.

(5) Erfolgt die Bestellung des Stellvertreters mit Zustimmung des Auftraggebers, so haftet der Vertretene diesem nur nach Maßgabe des § 1010 ABGB zweiter Satz. Andernfalls gelten für die Haftung des Vertretenen die Grundsätze des Werkvertrages.

(6) Die Kammer der Wirtschaftstreuhänder hat bei voraussichtlich länger dauernder Verhinderung einen Kanzleikurator zu bestellen

1. auf Antrag des zu Vertretenden oder

2. von Amts wegen, wenn der Verpflichtung gemäß Abs. 1 nicht nachgekommen wird.

(7) Die Bestellung hat durch die Kammer der Wirtschaftstreuhänder mit Bescheid zu erfolgen.

(8) Der gemäß Abs. 6 bestellte Kanzleikurator hat

1. die Kanzlei des Vertretenen im vollen Umfang unter eigener Verantwortung mit dem Hinweis auf seine Funktion als Kanzleikurator und im Namen und auf Rechnung des Vertretenen zu betreuen,

2. im Fall des Abs. 6 Z 1 die Weisungen des zu vertretenden Berufsberechtigten und im Fall des Abs. 6 Z 2 die Weisungen der Kammer der Wirtschaftstreuhänder bei Ausübung seiner Funktion als Kanzleikurator einzuhalten,

3. seine eigenen beruflichen Tätigkeiten von den Tätigkeiten für die zu verwaltende Kanzlei streng zu trennen und sowohl bei Beginn als auch bei Beendigung seiner Tätigkeit eine Vermögensaufstellung zu verfassen und

4. eine Versicherung, welche die Tätigkeit der betreuten Kanzlei umfasst, nachzuweisen.

(9) Im Falle der persönlichen Wiederaufnahme der Berufstätigkeit nach mehr als sieben Jahre dauernder Verhinderung oder Abwesenheit hat die Kammer der Wirtschaftstreuhänder die weitere Ausübung der Berufstätigkeit von der neuerlichen Ablegung der mündlichen Fachprüfung abhängig zu machen, wenn der Abwesende in dieser Zeit nicht überwiegend facheinschlägig gearbeitet hat.

(10) Der gemäß Abs. 6 bestellte Kanzleikurator hat Anspruch auf Entlohnung. Die Höhe der Entlohnung richtet sich

1. nach der Vereinbarung mit dem zu vertretenden Berufsberechtigten oder
2. bei Nichtzustandekommen einer Vereinbarung nach der Festsetzung der Kammer der Wirtschaftstreuhänder nach einem 65% nicht übersteigenden Anteil an der Betriebsleistung der betreuten Kanzlei.

Erfüllungsgehilfen

§ 83. (1) Berufsberechtigte sind berechtigt, sich ihrer Angestellten im internen Kanzleibetrieb und im Außenverkehr mit Klienten und Behörden als Erfüllungsgehilfen zu bedienen.

(2) Berufsberechtigte sind verpflichtet, dafür zu sorgen, dass sich ihre Angestellten im Verkehr mit Klienten oder Behörden jederzeit durch eine schriftliche Vollmacht ausweisen können.

(3) Verbindliche Erklärungen kann außer dem Berufsberechtigten selbst nur sein Vertreter gemäß § 81 oder § 82 oder ein von ihm besonders ermächtigter Berufsberechtigter oder Berufsanwärter abgeben.

Provisionen – Provisionsvorbehalt

§ 84. Berufsberechtigten ist die Annahme oder die Gewährung von Provisionen oder die Weitergabe von Aufträgen unter Provisionsvorbehalt verboten.

Ruhen der Befugnis

§ 85. (1) Berufsberechtigte sind berechtigt, auf ihre Befugnis zur selbständigen Ausübung ihres Wirtschaftstreuhandberufes vorübergehend zu verzichten.

(2) Der Eintritt des Ruhens ist der Kammer der Wirtschaftstreuhänder unverzüglich schriftlich anzuzeigen. Die Kammer der Wirtschaftstreuhänder hat den Eintritt des Ruhens im Verzeichnis der Mitglieder gemäß § 173 erkenntlich zu machen.

(3) Berufsberechtigte sind nicht verpflichtet, während des Ruhens ihrer Berufsberechtigung die Vermögensschaden-Haftpflichtversicherung aufrecht zu halten. Im Falle des Ruhens der Berufsberechtigung während eines gesamten Kalenderjahres entfällt die Verpflichtung zur Meldung gemäß § 71 Abs. 3 letzter Satz.

(4) Die Beendigung des Ruhens ist der Kammer der Wirtschaftstreuhänder unverzüglich schriftlich anzuzeigen. Der schriftlichen Anzeige auf Beendigung des Ruhens sind die Belege zum Nachweis der Erfüllung der allgemeinen Voraussetzungen gemäß § 8 Abs. 1 und der Fortbildungsverpflichtung gemäß § 71 Abs. 3 in den beiden vorangehenden Kalenderjahren anzuschließen.

(5) Die Kammer der Wirtschaftstreuhänder hat die Wiederaufnahme der Berufstätigkeit zu untersagen, wenn

1. keine Belege gemäß Abs. 4 vorgelegt werden oder

2. die Allgemeinen Voraussetzungen gemäß § 8 Abs. 1 nicht vorliegen oder

3. die Fortbildungsverpflichtung gemäß § 71 Abs. 3 in den der Wiederaufnahme vorangehenden beiden Kalenderjahren nicht erfüllt wurde oder

4. im Falle der persönlichen Wiederaufnahme der Berufstätigkeit durch eine natürliche Person nach mehr als siebenjährigem Ruhen.

(6) Von einer Untersagung ist im Fall des Abs. 5 Z 4 abzusehen, wenn der Berufsberechtigte in dieser Zeit überwiegend facheinschlägig gearbeitet hat und die Fortbildungsverpflichtung gemäß § 71 Abs. 3 in den der Wiederaufnahme vorangegangenen beiden Kalenderjahren erfüllt wurde.

(7) Im Falle der persönlichen Wiederaufnahme der Berufstätigkeit durch eine natürliche Person nach mehr als siebenjährigem Ruhen hat die Kammer der Wirtschaftstreuhänder diese Wiederaufnahme von der Ablegung der mündlichen Fachprüfung abhängig zu machen, wenn der Berufsberechtigte in dieser Zeit nicht überwiegend

facheinschlägig gearbeitet hat. Bei Ablegung der mündlichen Fachprüfung ist Abs. 5 Z 3 nicht anzuwenden.

(8) Über die Untersagung der Wiederaufnahme ist ein schriftlicher Bescheid zu erlassen. Dieser Bescheid ist dem Berufsberechtigten zu eigenen Handen zuzustellen.

(9) Die Kammer der Wirtschaftstreuhänder hat die Beendigung des Ruhens im Verzeichnis der Mitglieder gemäß § 173 erkenntlich zu machen.

Weitere Meldepflichten

§ 86. Berufsberechtigte sind verpflichtet, der Kammer der Wirtschaftstreuhänder binnen einem Monat schriftlich sämtliche Änderungen, welche die Voraussetzungen für die öffentliche Bestellung oder die Anerkennung betreffen, zu melden.

2. Abschnitt

Maßnahmen zur Verhinderung der Geldwäsche und der Terrorismusfinanzierung

Allgemeines – Begriffsbestimmungen

§ 87. (1) Die Bestimmungen dieses Abschnittes setzen für den Bereich der Wirtschaftstreuhandberufe die Geldwäsche-RL um.

(2) Im Sinne dieses Abschnittes bedeutet

1. „Geldwäsche" die folgenden Handlungen, wenn sie vorsätzlich begangen werden:

   a) der Umtausch oder Transfer von Vermögensgegenständen in Kenntnis der Tatsache, dass diese Vermögensgegenstände aus einer kriminellen Tätigkeit stammen, zum Zwecke der Verheimlichung oder Verschleierung des illegalen Ursprungs der Vermögensgegenstände oder der Unterstützung von Personen, die an einer solchen Tätigkeit beteiligt sind, damit diese den Rechtsfolgen ihrer Tat entgehen oder

   b) die Verheimlichung oder Verschleierung der wahren Natur, Herkunft, Lage, Verfügung oder Bewegung von Vermögensgegenständen oder von Rechten oder Eigentum an Vermögensgegenständen in Kenntnis der Tatsache, dass diese Vermögensgegenstände aus einer kriminellen Tätigkeit oder aus der Teilnahme an einer solchen Tätigkeit stammen oder

c) der Erwerb, der Besitz oder die Verwendung von Vermögensgegenständen, wenn dem Betreffenden bei der Übernahme dieser Vermögensgegenstände bekannt war, dass sie aus einer kriminellen Tätigkeit oder aus der Teilnahme an einer solchen Tätigkeit stammen oder

d) die Beteiligung an einer der unter den Buchstaben a, b und c aufgeführten Handlungen, Zusammenschlüsse zur Ausführung einer solchen Handlung, Versuche einer solchen Handlung, Beihilfe, Anstiftung oder Beratung zur Ausführung einer solchen Handlung oder Erleichterung ihrer Ausführung,

2. „Kriminelle Tätigkeit" jede Form der strafbaren Beteiligung an der Begehung der folgenden Straftaten, unabhängig davon, ob ihr Tatort gemäß § 67 Abs. 2 des Strafgesetzbuches (StGB), BGBl. Nr. 60/1974, innerhalb oder außerhalb Österreichs liegt:

a) Urkundenfälschung gemäß § 223 StGB mit dem Ziel, eine terroristische Straftat gemäß § 278c StGB zu begehen oder sich an einer terroristischen Vereinigung gemäß § 278b Abs. 2 StGB zu beteiligen,

b) gerichtlich strafbare Handlungen nach den §§ 27 oder 30 des Suchtmittelgesetzes (SMG), BGBl I Nr. 112/1997 und

c) alle Straftaten, die mit Freiheitsstrafe von mehr als einem Jahr belegt werden können, jedoch in die Zuständigkeit der Gerichte fallende Finanzvergehen im Zusammenhang mit direkten und indirekten Steuern nach österreichischem Recht nur nach der Maßgabe, dass eine solche Freiheitsstrafe nach den §§ 33, 35 und 37 FinStrG bei Begehung als Mitglied einer Bande oder unter Gewaltanwendung (§38a FinStrG) verhängt werden kann, sowie Finanzvergehen nach §§ 39 und 40 FinStrG.

3. „Vermögensgegenstand" Vermögenswerte aller Art, ob körperlich oder nichtkörperlich, beweglich oder unbeweglich, materiell oder immateriell, und Rechtstitel oder Urkunden in jeder – einschließlich elektronischer oder digitaler – Form, die das

Eigentumsrecht oder Rechte an solchen Vermögenswerten belegen; dazu zählen auch unkörperliche Spekulationsobjekte wie Einheiten virtueller Währungen und die auf diese entfallenden Wertzuwächse, nicht aber bloße Ersparnisse wie etwa nicht eingetretene Wertverluste, Forderungsverzichte oder ersparte Aus- oder Abgaben,

4. „Stammen", dass der Täter der strafbaren Handlung den Vermögensgegenstand durch die Tat erlangt oder für ihre Begehung empfangen hat oder wenn sich in ihm der Wert des ursprünglich erlangten oder empfangenen Vermögensgegenstandes verkörpert,

5. „Terrorismusfinanzierung" die Bereitstellung oder Sammlung finanzieller Mittel, gleichviel auf welche Weise, unmittelbar oder mittelbar, mit dem Vorsatz, dass sie ganz oder teilweise dazu verwendet werden, eine der folgenden Straftaten zu begehen:

a) Terroristische Vereinigung gemäß § 278b StGB,

b) Terroristische Straftaten gemäß § 278c StGB,

c) Terrorismusfinanzierung gemäß § 278d StGB,

d) Ausbildung für terroristische Zwecke gemäß § 278e StGB,

e) Anleitung zur Begehung einer terroristischen Straftat gemäß § 278f StGB,

f) Schwerer Diebstahl gemäß § 128 StGB mit dem Ziel, eine terroristische Straftat gemäß § 278c StGB zu begehen,

g) Erpressung gemäß § 144 StGB oder schwere Erpressung gemäß § 145 StGB mit dem Ziel, eine terroristische Straftat gemäß § 278c StGB zu begehen,

h) Urkundenfälschung gemäß § 223 StGB oder Fälschung besonders geschützter Urkunden gemäß § 224 StGB mit dem Ziel, eine terroristische Straftat gemäß § 278c StGB zu begehen oder sich an einer terroristischen Vereinigung zu beteiligen gemäß § 278b Abs. 2 StGB,

6. „Finanzielle Mittel" Bar- und Buchgeld sowie Einheiten virtueller Währungen, ungeachtet der Herkunft aus legalen oder illegalen Quellen,

7. „Verdacht" einen begründeten Verdacht, die Annahme der Wahrscheinlichkeit des Vorliegens eines

bestimmten Sachverhalts, die sich aufgrund der Kenntnis darauf hinweisender Tatsachen ergibt. Diese Annahme hat über eine bloße Vermutung hinauszugehen,

8. „Geschäftsbeziehung" jedes Handeln eines Berufsberechtigten in Ausübung seines Berufes für Dritte, wenn über eine kostenlose Erstberatung hinaus weitere Dienste oder Aufträge erfolgen und bei deren Zustandekommen des Kontakts davon ausgegangen wird, dass sie von einer gewissen Dauer sein soll,

9. „Transaktion" einen Vorgang, der auf den Übergang von Werten von der Einflusssphäre des Auftraggebers in jene einer anderen Person abzielt,

10. „gelegentliche Transaktion" Transaktion außerhalb einer Geschäftsbeziehung, die sich auf 15 000 EUR oder mehr beläuft, und zwar unabhängig davon, ob diese Transaktion in einem einzigen Vorgang oder in mehreren Vorgängen, zwischen denen eine Verbindung zu bestehen scheint, ausgeführt wird,

11. „Geldwäschemeldestelle" die Meldestelle für die Abgabe einer Geldwäscheverdachtsmeldung gemäß § 4 Abs. 2 Z 1 und 2 des Bundeskriminalamt-Gesetzes (BKA-G), BGBl. I Nr. 22/2002,

12. „Auftraggeber" eine Person, die einen Berufsberechtigten rechtswirksam einen Auftrag erteilt hat und dieser Auftrag vom Berufsberechtigten verbindlich angenommen wurde,

13. "Führungsebene" Führungskräfte oder Mitarbeiter mit ausreichendem Wissen über die Risiken, die für den Berufsberechtigten in Bezug auf Geldwäsche oder Terrorismusfinanzierung bestehen, und ausreichendem Dienstalter, um Entscheidungen mit Auswirkungen auf die Risikolage treffen zu können, wobei es sich nicht in jedem Fall um ein Mitglied der gesetzlichen Vertretung des Berufsberechtigten handeln muss,

14. „Politisch exponierte Person" eine natürliche Person, die wichtige öffentliche Ämter ausübt oder ausgeübt hat; hierzu zählen insbesondere

a) Staatschefs, Regierungschefs, Minister, stellvertretende Minister und Staatssekretäre,

b) Parlamentsabgeordnete oder Mitglieder vergleichbarer Gesetzgebungsorgane,

c) Mitglieder der Führungsgremien politischer Parteien,

d) Mitglieder von obersten Gerichtshöfen, Verfassungsgerichtshöfen oder sonstigen hohen Gerichten, gegen deren Entscheidungen, von außergewöhnlichen Umständen abgesehen, kein Rechtsmittel mehr eingelegt werden kann,

e) Mitglieder von Rechnungshöfen oder der Leitungsorgane von Zentralbanken,

f) Botschafter, Geschäftsträger und hochrangige Offiziere der Streitkräfte,

g) Mitglieder der Verwaltungs-, Leitungs- oder Aufsichtsorgane staatseigener Unternehmen und

h) Direktoren, stellvertretende Direktoren und Mitglieder des Leitungsorgans oder eine vergleichbare Funktion bei internationalen Organisationen,

Keine der unter a bis h genannten öffentlichen Funktionen umfasst Funktionsträger mittleren oder niedrigeren Ranges,

15. „Familienmitglieder" insbesondere:

a) den Ehepartner einer politisch exponierten Person oder eine dem Ehepartner einer politisch exponierten Person gleichgestellte Person,

b) die Kinder einer politisch exponierten Person und deren Ehepartner oder dem Ehepartner gleichgestellte Personen und

c) die Eltern einer politisch exponierten Person,

16. „bekanntermaßen nahestehende Personen"

a) natürliche Personen, die bekanntermaßen gemeinsam mit einer politisch exponierten Person wirtschaftliche Eigentümer von juristischen Personen oder Rechtsvereinbarungen sind oder sonstige enge Geschäftsbeziehungen zu einer solchen politisch exponierten Person unterhalten und

b) natürliche Personen, die alleinige wirtschaftliche Eigentümer einer juristischen Person oder einer Rechtsvereinbarung sind, welche bekanntermaßen de facto zu Gunsten einer politisch exponierten Person errichtet wurde,

17. „Gruppe" eine Gruppe von Unternehmen, die aus einem Mutterunternehmen, seinen

Tochterunternehmen und den Unternehmen, an denen das Mutterunternehmen oder seine Tochterunternehmen eine Beteiligung halten, besteht, sowie Unternehmen, die untereinander durch eine Beziehung im Sinne von Art. 22 der Richtlinie 2013/34/EU über den Jahresabschluss, den konsolidierten Abschluss und damit verbundene Berichte von Unternehmen bestimmter Rechtsformen und zur Änderung der Richtlinie 2006/43/EG des Europäischen Parlaments und des Rates und zur Aufhebung der Richtlinien 78/660/EWG und 83/349/EWG des Rates, ABl. Nr. L 182 vom 29.06.2013 S. 19, zuletzt geändert durch die Richtlinie 2013/102/EU, ABl. Nr. L 334 vom 21.11.2014 S. 86, („Konzernaufstellungspflicht") verbunden sind,

18. „wirtschaftlicher Eigentümer"

a) einen wirtschaftlichen Eigentümer in sinngemäßer Anwendung des § 2 des Wirtschaftliche Eigentümer Registergesetzes (WiEReG), BGBl. I Nr. 136/2017, mit der Maßgabe, dass unter Rechtsträgern auch ausländische Gesellschaften, sonstige juristische Personen sowie Trusts und trustähnliche Vereinbarungen, die den in § 1 Abs. 2 WiEReG genannten vergleichbar sind und dass § 2 Z 1 WiEReG

aa) auf börsennotierte Gesellschaften, deren Wertpapiere zum Handel auf einem geregelten Markt in einem oder mehreren Mitgliedstaaten zugelassen sind, sowie

bb) auf börsennotierte Gesellschaften aus Drittländern, die Offenlegungsanforderungen unterliegen, die dem Unionsrecht entsprechen oder mit diesem vergleichbar sind,

nicht anzuwenden ist, und

b) eine natürliche Person, in deren Auftrag eine Transaktion oder Tätigkeit ausgeführt wird,

19. „virtuelle Währungen" eine digitale Darstellung eines Werts, die von keiner Zentralbank oder öffentlichen Stelle emittiert wurde oder garantiert wird und nicht zwangsläufig an eine gesetzlich festgelegte Währung angebunden ist und die nicht den gesetzlichen Status einer Währung oder von Geld besitzt, aber von natürlichen oder juristischen Personen als Tauschmittel

akzeptiert wird und die auf elektronischem Wege übertragen, gespeichert und gehandelt werden kann und

20. „Proliferationsfinanzierung" die Bereitstellung oder Sammlung finanzieller Mittel, gleichviel auf welche Weise, unmittelbar oder mittelbar, mit dem Vorsatz, dass sie ganz oder teilweise einer Person zugutekommen, die im Zusammenhang mit der völkerrechtswidrigen Verbreitung von Massenvernichtungswaffen einer finanziellen Sanktion des Sicherheitsrates der Vereinten Nationen unterliegt,

21. „gezielte finanzielle Sanktionen": sowohl das Einfrieren von Vermögenswerten als auch das Verbot, Gelder oder andere Vermögenswerte unmittelbar oder mittelbar zugunsten der Personen und Organisationen bereitzustellen, die in Beschlüssen des Rates auf der Grundlage von Art. 29 EUV auf der Grundlage von Art. 215 AEUV benannt wurden, und

22. „gezielte finanzielle Sanktionen im Zusammenhang mit Proliferationsfinanzierung": die unter Z 21 genannten gezielten finanziellen Sanktionen, die gemäß dem Beschluss (GASP) Nr. 849/2016 über restriktive Maßnahmen gegen die Demokratische Volksrepublik Korea und zur Aufhebung des Beschlusses 2013/183/GASP, ABl. Nr. L 141 vom 28.05.2016 S. 79, und dem Beschluss (GASP) Nr. 413/2010 über restriktive Maßnahmen gegen die Demokratische Volksrepublik Korea und zur Aufhebung des Beschlusses 2013/183/GASP, ABl. Nr. L 141 vom 28.05.2016 S. 79, sowie gemäß der Verordnung (EU) Nr. 1509/2017 über restriktive Maßnahmen gegen die Demokratische Volksrepublik Korea und zur Aufhebung der Verordnung (EG) Nr. 329/2007, ABl. Nr. L 224 vom 31.08.2017 S. 1, und der Verordnung (EU) Nr. 267/2012 über restriktive Maßnahmen gegen Iran und zur Aufhebung der Verordnung (EU) Nr. 961/2010, ABl. Nr. L 88 vom 24.03.2012 S. 1, verhängt werden.

(3) Soweit die Bestimmungen der §§ 87 bis 105 und davon abgeleiteter Rechtsakte auf Terrorismusfinanzierung Bezug nehmen, erstreckt sich diese Bezugnahme sinngemäß auch auf die Nichtumsetzung und Umgehung gezielter finanzieller Sanktionen im Zusammenhang mit Proliferationsfinanzierung.

Risikobasierter Ansatz

§ 88. (1) Berufsberechtigte sind bei Ausübung ihrer beruflichen Tätigkeit verpflichtet, die in diesem Abschnitt festgelegten Pflichten risikobasiert zu erfüllen. Risiko bedeutet in diesem Abschnitt dabei die Gefahr, dass Dienste eines Berufsberechtigten für Geldwäsche oder für Zwecke der Terrorismusfinanzierung missbraucht werden. Durch eine risikobasierte Ausgestaltung der innerorganisatorischen Maßnahmen, der Sorgfaltspflichten gegenüber Auftraggebern sowie der Meldepflichten ist diese missbräuchliche Inanspruchnahme von Diensten des Berufsberechtigten zu verhindern.

(2) Die risikobasierte Erfüllung verlangt eine qualitative Risikobeurteilung des Berufsberechtigten. Dieser hat dabei vorliegende, für den Wirkungsbereich des Berufsberechtigten einschlägige Risikoanalysen der EU und der Republik Österreich ebenso einzubeziehen wie die in den Anhängen 1 bis 3 der Geldwäsche-RL genannten Risikofaktoren, soweit sie für seine konkrete Tätigkeit einschlägig sind.

(3) Die Dokumentation der im Rahmen der Risikobeurteilung gemäß Abs. 2 verwendeten Strategien, Kontrollen und Verfahren hat dabei Größe und Komplexität der Kanzlei, Dauer und Art der erbrachten Dienstleistung, Person eines Auftraggebers oder wirtschaftlichen Eigentümers, Auftraggeberstruktur und Regionen, in denen der Berufsberechtigte seine Dienstleistungen erbringt, zu berücksichtigen.

Sorgfaltspflichten gegenüber Auftraggebern auslösende Umstände

§ 89. Auftraggeberbezogene Sorgfaltspflichten sind auf risikobasierter Grundlage einzuhalten bei

1. Begründung einer Geschäftsbeziehung oder

2. Ausführung gelegentlicher Transaktionen oder

3. Verdacht auf Geldwäsche oder Terrorismusfinanzierung, ungeachtet etwaiger Ausnahmeregelungen, Befreiungen oder Schwellenwerte oder

4. Zweifel an der Richtigkeit oder Eignung erhaltener Auftraggeberidentifikationsdaten.

Umfang der Sorgfaltspflichten gegenüber Auftraggebern

§ 90. Unter Berücksichtigung des risikobasierten Ansatzes umfassen die Sorgfaltspflichten des Berufsberechtigten gegenüber Auftraggebern:

1. die Feststellung und Überprüfung der Identität des Auftraggebers auf der Grundlage von Dokumenten, Daten oder Informationen, die von einer glaubwürdigen und unabhängigen Quelle stammen, einschließlich elektronischer Mittel für die Identitätsfeststellung. Die Kammer der Wirtschaftstreuhänder hat durch Verordnung festlegen, unter welchen Voraussetzungen die elektronische Identitätsfeststellung (Online-Identifikation) möglich ist. In dieser Verordnung sind insbesondere Anforderungen an die Datensicherheit, Fälschungssicherheit und an jene Personen, die die Online-Identifikation durchführen sowie Sicherungsmaßnahmen zur Vorbeugung von Missbrauch, festzulegen,

2. die Feststellung der Identität des wirtschaftlichen Eigentümers und die Ergreifung angemessener Maßnahmen zur Überprüfung seiner Identität. Im Falle von juristischen Personen, Trusts, Gesellschaften, Stiftungen und ähnlichen Rechtsvereinbarungen schließt dies angemessene Maßnahmen ein, um die Eigentums- und Kontrollstruktur des Auftraggebers zu verstehen. Ist der ermittelte wirtschaftliche Eigentümer ein Angehöriger der Führungsebene im Sinne des § 2 Abs. 1 lit. b WiEReG, sind zudem Aufzeichnungen über die ergriffenen Maßnahmen und über etwaige während des Überprüfungsvorgangs aufgetretene Schwierigkeiten zu führen. Eine angemessene Maßnahme ist die Einsicht in das Register der wirtschaftlichen Eigentümer nach Maßgabe des § 11 WiEReG,

3. die Feststellung und die Überprüfung der Identität des Vertreters eines Auftraggebers sowie die Vergewisserung über das Vorliegen einer aufrechten Vertretungsbefugnis,

4. die Bewertung – und gegebenenfalls Einholung – von Informationen über den Zweck und die angestrebte Art der Geschäftsbeziehung,

5. die kontinuierliche Überwachung der Geschäftsbeziehung, einschließlich einer Überprüfung der im Verlauf der Geschäftsbeziehung ausgeführten Transaktionen, um sicherzustellen, dass diese mit den Kenntnissen über den Auftraggeber, seine Geschäftstätigkeit und sein Risikoprofil, einschließlich erforderlichenfalls der Herkunft der Mittel, übereinstimmen, und die Gewährleistung, dass die betreffenden Dokumente, Daten oder Informationen auf aktuellem Stand gehalten werden und

6. die Einrichtung und Anwendung angemessener Risikomanagementsysteme einschließlich risikobasierter Verfahren, um feststellen zu können, ob es sich bei einem Auftraggeber oder einem wirtschaftlichen Eigentümer eines Auftraggebers um eine politisch exponierte Person handelt. Im Falle von Geschäftsbeziehungen zu politisch exponierten Personen ist die Zustimmung der Führungsebene einzuholen, bevor Geschäftsbeziehungen zu diesen Personen aufgenommen oder fortgeführt werden.

Zeitliche Maßgaben für Sorgfaltspflichten gegenüber Auftraggebern

§ 91. (1) Die Überprüfung der Identität des Auftraggebers und das Ergreifen angemessener Maßnahmen zur Feststellung der Identität des wirtschaftlichen Eigentümers gemäß § 90 Z 1 und Z 2 hat vor Begründung einer Geschäftsbeziehung oder Ausführung einer Transaktion zu erfolgen.

(2) Sofern ein geringes Risiko der Geldwäsche oder Terrorismusfinanzierung besteht, kann abweichend von Abs. 1 die Überprüfung der Identität des Auftraggebers und des wirtschaftlichen Eigentümers gemäß § 90 Z 1 und Z 2 erst während der Begründung einer Geschäftsbeziehung abgeschlossen werden, wenn dies notwendig ist, um den normalen Geschäftsablauf nicht zu unterbrechen. In diesem Fall sind die betreffenden Verfahren so bald wie möglich nach dem ersten Kontakt abzuschließen.

(3) Die Sorgfaltspflichten gegenüber Auftraggebern sind nicht nur auf alle neuen Auftraggeber, sondern zu geeigneter Zeit, auch auf die bestehenden Auftraggeber auf risikobasierter Grundlage anzuwenden. Die Sorgfaltspflichten sind umgehend zu erfüllen, wenn sich bei einem Auftraggeber maßgebliche Umstände ändern oder wenn der

Berufsberechtigte rechtlich verpflichtet ist, den Auftraggeber im Laufe des betreffenden Kalenderjahres zu kontaktieren, um etwaige einschlägige Informationen über den oder die wirtschaftlichen Eigentümer zu überprüfen.

(4) Zu Beginn einer neuen Geschäftsbeziehung mit einem Rechtsträger gemäß § 1 WiEReG haben die Berufsberechtigten einen Auszug aus dem Register der wirtschaftlichen Eigentümer gemäß § 9 oder § 10 WiEReG als Nachweis der Registrierung der wirtschaftlichen Eigentümer einzuholen. Zu Beginn einer neuen Geschäftsbeziehung mit einer Gesellschaft, einem Trust, einer Stiftung, einer mit einer Stiftung vergleichbaren juristischen Person oder mit einer trustähnlichen Rechtsvereinbarung mit Sitz in einem anderen Mitgliedstaat oder in einem Drittland, die mit einem Rechtsträger im Sinne des § 1 WiEReG vergleichbar sind, haben die Berufsberechtigten einen Nachweis der Registrierung oder einen Auszug einzuholen, sofern dessen wirtschaftliche Eigentümer in einem den Anforderungen der Art. 30 oder 31 der Geldwäsche-RL entsprechendem Register registriert werden müssen und es den Berufsberechtigten nach dem Recht des betreffenden anderen Mitgliedstaats oder des Drittlandes möglich ist, einen solchen Nachweis zu erhalten.

Nichterfüllbarkeit von Sorgfaltspflichten gegenüber Auftraggebern

§ 92. (1) Kann den Sorgfaltspflichten gegenüber Auftraggebern gemäß § 90 Z 1, Z 2 und Z 4 nicht nachgekommen werden, darf eine Geschäftsbeziehung nicht begründet oder eine Transaktion nicht ausgeführt werden. Bestehende Geschäftsbeziehungen sind in diesem Fall zu beenden. Der Berufsberechtigte hat zudem eine Verdachtsmeldung gemäß § 96 Abs. 3 an die Geldwäschemeldestelle unter Beachtung der Voraussetzungen der Meldeverpflichtungen in Erwägung zu ziehen.

(2) Abs. 1 gilt nicht, wenn die Voraussetzungen des § 96 Abs. 9 vorliegen.

Vereinfachte Sorgfaltspflichten gegenüber Auftraggebern

§ 93. (1) Stellt ein Berufsberechtigter im Rahmen seiner generellen Risikoüberprüfung fest, dass in bestimmten Bereichen nur ein geringeres Risiko besteht, so können für Geschäftsbeziehungen in diesen Bereichen prinzipiell vereinfachte Sorgfaltspflichten gegenüber Auftraggebern angewendet werden. Bevor die Berufsberechtigten vereinfachte Sorgfaltspflichten gegenüber Auftraggebern anwenden, vergewissern sie sich, dass die Geschäftsbeziehung oder die Transaktion tatsächlich mit einem geringeren Risiko verbunden ist.

(2) Die Kammer der Wirtschaftstreuhänder hat im Rahmen einer Ausübungsrichtlinie gemäß § 72 auf Grundlage folgender Risikoarten mögliche Faktoren für ein potenziell geringeres Risiko festzulegen:

1. Faktoren bezüglich des Auftraggeberrisikos,
2. Faktoren bezüglich des Produkt-, Dienstleistungs-, Transaktions- oder Vertriebskanalrisikos und
3. Faktoren bezüglich des geografischen Risikos.

(3) Die Kammer der Wirtschaftstreuhänder kann in ihrer Funktion als Aufsichtsbehörde darüber hinaus Arten von Geschäftsbeziehungen festlegen, die aufgrund des eingeschränkten Tätigkeitsumfangs und des damit verbundenen Risikos ebenfalls als Tätigkeiten mit einem geringen Geldwäscherisiko anzusehen sind.

Verstärkte Sorgfaltspflichten gegenüber Auftraggebern

§ 94. (1) In folgenden Fällen müssen die Berufsberechtigten verstärkte Sorgfaltspflichten zur angemessenen Steuerung und Minderung der Risiken anwenden:

1. Bei allen komplexen oder ungewöhnlich großen Transaktionen oder ungewöhnlichen Transaktionsmustern oder Transaktionen ohne offensichtlichen wirtschaftlichen oder rechtmäßigen Zweck,
2. bei Geschäftsbeziehungen oder Transaktionen, an denen Drittländer mit hohem Risiko gemäß der Delegierte Verordnung (EU) 2016/1675, ABl. Nr. L 254 vom 20.9.2016 S. 1, beteiligt sind,
3. in allen von der Kammer der Wirtschaftstreuhänder gemäß Abs. 4 festgelegten Fällen,
4. bei Transaktionen mit oder Geschäftsbeziehungen zu politisch exponierten Personen, ihren Familienangehörigen und politisch exponierten Personen bekanntermaßen nahestehenden Personen, und
5. in anderen Fällen mit höheren Risiken, die der Berufsberechtigte ermittelt hat.

(2) Die in Abs. 1 genannten Fälle sind jedenfalls einer verstärkten Überprüfung zu unterziehen. Bei komplexen oder ungewöhnlich großen Transaktionen sind insbesondere Hintergrund und Zweck mit angemessenen Mitteln zu erforschen.

(3) Bei Transaktionen oder Geschäftsbeziehungen gemäß Abs. 1 Z 4 sind angemessene Maßnahmen zu ergreifen, um die Herkunft des Vermögens oder der im Rahmen der Transaktion verwendeten finanziellen Mittel zu bestimmen und die Geschäftsbeziehung einer verstärkten fortlaufenden Überwachung zu unterziehen. Ist eine politisch exponierte Person nicht mehr mit einem öffentlichen Amt in einem Mitgliedstaat oder Drittland oder mit einem wichtigen öffentlichen Amt bei einer internationalen Organisation betraut, so haben die Berufsberechtigten für mindestens zwölf Monate das von dieser Person weiterhin ausgehende Risiko zu berücksichtigen und so lange angemessene und risikobasierte Maßnahmen zu treffen, bis davon auszugehen ist, dass von dieser Person kein Risiko mehr ausgeht, das spezifisch für politisch exponierte Personen ist.

(4) Die Kammer der Wirtschaftstreuhänder kann in ihrer Funktion als Aufsichtsbehörde Bereiche festlegen, die aufgrund des eingeschränkten Tätigkeitsumfangs und des damit verbundenen Risikos ebenfalls als Tätigkeiten mit einem höheren Risiko der Geldwäsche oder Terrorismusfinanzierung anzusehen sind. Dabei sind Leitlinien gemäß Art. 18 Abs. 4 der Geldwäsche-RL zu beachten. Die Kammer der Wirtschaftstreuhänder hat im Rahmen der Ausübungsrichtlinie gemäß § 72 auf Grundlage folgender Risikoarten mögliche Faktoren für ein potenziell höheres Risiko festzulegen:

1. Faktoren bezüglich des Auftraggeberrisikos,
2. Faktoren bezüglich des Produkt-, Dienstleistungs-, Transaktions- oder Vertriebskanalrisikos und
3. Faktoren bezüglich des geografischen Risikos.

(5) Auf Geschäftsbeziehungen oder Transaktionen gemäß Abs. 1 Z 2 sind folgende verstärkte Sorgfaltsmaßnahmen gegenüber dem Auftraggeber anzuwenden:

1. Einholung zusätzlicher Informationen über den Auftraggeber und die wirtschaftlichen Eigentümer,
2. Einholung zusätzlicher Informationen über die angestrebte Art der Geschäftsbeziehung,

3. Einholung von Informationen über die Herkunft der Gelder und die Herkunft des Vermögens des Auftraggebers und der wirtschaftlichen Eigentümer,

4. Einholung von Informationen über die Gründe für die geplanten oder durchgeführten Transaktionen,

5. Einholung der Zustimmung ihrer Führungsebene zur Schaffung oder Weiterführung der Geschäftsbeziehung und

6. verstärkte kontinuierliche Überwachung der Geschäftsbeziehung durch eine weitere Erhöhung der Häufigkeit und der Intervalle der Kontrollen und durch die zusätzliche Auswahl von Transaktionsmustern, die einer weiteren Prüfung bedürfen.

(6) Die Kammer der Wirtschaftstreuhänder hat in Bezug auf Geschäftsbeziehungen und Transaktionen gemäß Abs. 1 Z 2 in ihrer Funktion als Aufsichtsbehörde zusätzliche Maßnahmen im Sinne des Art. 18a Abs. 2 der Geldwäsche-RL durch Verordnung festzulegen. Sie hat dabei einschlägige Evaluierungen, Bewertungen oder Berichte internationaler Organisationen oder von Einrichtungen für die Festlegung von Standards mit Kompetenzen im Bereich der Verhinderung von Geldwäsche und der Bekämpfung der Terrorismusfinanzierung hinsichtlich der von einzelnen Drittländern ausgehenden Risiken zu berücksichtigen und die Europäische Kommission vor dem Erlass oder der Anwendung zu unterrichten.

(7) Bei Zweigstellen und bei mehrheitlich im Besitz des Berufsberechtigten befindlichen Tochterunternehmen, die ihren Standort in Drittländern mit hohem Risiko haben, müssen bei Geschäftsbeziehungen und Transaktionen gemäß Abs. 1 Z 2 nicht automatisch verstärkte Sorgfaltspflichten gegenüber Auftraggebern angewandt werden, wenn sich diese Zweigstellen oder Tochterunternehmen uneingeschränkt an die gruppenweit anzuwendenden Strategien und Verfahren gemäß § 99 halten und diese Fälle nach einem risikobasierten Ansatz gehandhabt werden.

Ausführung durch Dritte

§ 95. (1) Hinsichtlich der in § 90 Z 1 bis 3 aufgezählten Sorgfaltspflichten kann für die Erfüllung dieser Pflichten auf Dritte zurückgegriffen werden. Die endgültige Verantwortung für die Erfüllung dieser Pflichten verbleibt jedoch bei jenem Berufsberechtigten, der auf einen oder mehrere Dritte zurückgreift. Der Berufsberechtigte hat die erforderlichen Informationen zur Erfüllung der nach § 90 Z 1 bis 3 normierten Sorgfaltspflichten einzuholen und unter Anwendung angemessener Schritte dafür zu sorgen, dass der Dritte auf Ersuchen umgehend Kopien der maßgeblichen Daten hinsichtlich der Feststellung und Überprüfung der Identität des Auftraggebers oder des wirtschaftlichen Eigentümers einschließlich Informationen, soweit verfügbar, die mittels elektronischer Mittel für die Identitätsfeststellung, einschlägiger Vertrauensdienste gemäß der Verordnung (EU) Nr. 910/2014 über elektronische Identifizierung und Vertrauensdienste für elektronische Transaktionen im Binnenmarkt und zur Aufhebung der Richtlinie 1999/93/EG, ABl. L 257 vom 28.08.2014, S. 73, oder mittels anderer regulierter, anerkannter, gebilligter oder akzeptierter sicherer Verfahren zur Identifizierung aus der Ferne oder auf elektronischem Weg eingeholt wurden, vorlegt.

(2) Um auf eine Erfüllung der Sorgfaltspflichten durch Dritte zurückgreifen zu können, haben diese folgende Voraussetzungen zu erfüllen:

1. Sie sind Verpflichtete im Sinne des Art. 2 der Geldwäsche-RL und

2. sie unterliegen Sorgfalts- und Aufbewahrungspflichten sowie einer Aufsicht, die der Geldwäsche-RL entsprechen.

(3) Bei Dritten, die ihren Sitz in einem Mitgliedstaat der EU haben, gelten die Voraussetzungen des Abs. 2 Z 2 als erfüllt. Dritte mit Sitz in Ländern mit hohem Risiko erfüllen die Voraussetzungen nicht, es sei denn, es handelt sich dabei um Zweigstellen oder mehrheitlich im Besitz der Berufsberechtigten befindliche Tochterunternehmen, wenn sich diese uneingeschränkt an die gruppenweit anzuwendenden Strategien und Verfahren gemäß § 99 halten.

(4) Den Anforderungen gemäß Abs. 1 und 2 ist bei Anwendung von gruppenweit anzuwendenden Strategien und Verfahren gemäß § 99 entsprochen, wenn

1. der Berufsberechtigte Informationen eines Dritten heranzieht, der derselben Gruppe angehört,

2. die in dieser Gruppe angewandten Sorgfaltspflichten, Aufbewahrungsvorschriften und Programme zur Bekämpfung von Geldwäsche und

Terrorismusfinanzierung mit der Geldwäsche-RL oder gleichwertigen Vorschriften in Einklang stehen und

3. die effektive Umsetzung der unter Z 2 genannten Anforderungen auf Gruppenebene von der Kammer der Wirtschaftstreuhänder oder einer zuständigen Behörde des Drittlandes beaufsichtigt wird.

Meldepflichten

§ 96. (1) Der Berufsberechtigte hat die Geldwäschemeldestelle von sich aus mittels einer Meldung umgehend zu informieren, wenn er bei Ausübung seiner beruflichen Tätigkeit Kenntnis davon erhält oder den Verdacht hat, dass finanzielle Mittel unabhängig vom betreffenden Betrag aus kriminellen Tätigkeiten stammen oder mit Terrorismusfinanzierung in Verbindung stehen. Der Berufsberechtigte hat etwaigen Aufforderungen der Geldwäschemeldestelle zur Übermittlung zusätzlicher Auskünfte betreffend die Verhinderung, Aufdeckung und wirksamen Bekämpfung der Geldwäsche und der Terrorismusfinanzierung umgehend Folge zu leisten. Die Verdachtsmeldung und alle zu leistenden Auskünfte sind in einem geläufigen elektronischen Format unter Verwendung der durch die Geldwäschemeldestelle festgelegten, sicheren Kommunikationskanäle zu übermitteln.

(2) Die Geldwäschemeldestelle kann im Rahmen ihrer Aufgaben vom Berufsberechtigten Informationen zur Verhinderung, Aufdeckung und wirksamen Bekämpfung der Geldwäsche und der Terrorismusfinanzierung anfordern, einholen und nutzen, selbst wenn keine vorherige Meldung gemäß Abs. 1 erstattet wurde. Der Berufsberechtigte hat der Geldwäschemeldestelle auf schriftliches Verlangen unmittelbar über die durch die Geldwäschemeldestelle festgelegten, sicheren Kommunikationskanäle alle erforderlichen Auskünfte zur Verfügung zu stellen.

(3) Der Berufsberechtigte muss in Erwägung ziehen, eine Verdachtsmeldung gemäß Abs. 1 an die Geldwäschemeldestelle zu erstatten, wenn er bei einem Auftraggeber seinen Sorgfaltspflichten in Bezug auf die Feststellung und Überprüfung der Identität des Auftraggebers, des wirtschaftlichen Eigentümers oder der Bewertung und angemessenen Informationseinholung über Zweck und angestrebte Art der Geschäftsbeziehung nicht nachkommen kann.

(4) Berufsberechtigte dürfen Transaktionen, von denen sie wissen oder vermuten, dass sie mit finanziellen Mitteln aus kriminellen Tätigkeiten oder Terrorismusfinanzierung in Verbindung stehen, erst dann durchführen, wenn die in Abs. 1 vorgesehenen Maßnahmen abgeschlossen sind. Darüber sind in geeigneter Weise Aufzeichnungen zu erstellen und für die Dauer von fünf Jahren nach Beendigung der Geschäftsbeziehung mit den Auftraggebern oder nach dem Zeitpunkt einer gelegentlichen Transaktion aufzubewahren und vorbehaltlich anderer gesetzlicher Vorschriften dann zu löschen.

(5) Die Abwicklung einer unter Abs. 4 fallende Transaktion darf unter Beachtung anderer, insbesondere strafrechtlicher Rechtsvorschriften fortgeführt werden, wenn die Geldwäschemeldestelle dies ohne weitere Auflage gestattet oder die Berufsberechtigten alle besonderen Anweisungen der Geldwäschemeldestelle im Einklang mit dem österreichischen Recht befolgt haben. Die Geldwäschemeldestelle ist nicht berechtigt, Berufsberechtigten Anweisungen zu einem Verhalten zu geben, das einem strafrechtlichen Tatbestand entspricht.

(6) Die Berufsberechtigten sind berechtigt, von der Geldwäschemeldestelle zu verlangen, dass diese entscheidet, ob gegen die unverzügliche Durchführung von Aufträgen oder Transaktionen Bedenken bestehen. Äußert sich die Geldwäschemeldestelle bis zum Ende des folgenden Werktages nicht, so darf der Auftrag unverzüglich durchgeführt werden.

(7) Falls die Unterlassung der Abwicklung des Auftrages oder der Transaktion aber nicht möglich ist oder durch eine solche Unterlassung die Ermittlung des Sachverhalts erschwert oder verhindert würde, so hat der Berufsberechtigte der Geldwäschemeldestelle unmittelbar nach der Abwicklung die nötige Information zu erteilen.

(8) Die Übermittlung aller Informationen nach Abs. 1, 2, 4 und 7 kann durch speziell vom Berufsberechtigten beauftragte Personen erfolgen.

(9) Die Pflichten nach Abs. 1 bis 7 sind für Berufsberechtigte nicht anzuwenden, wenn es sich um Informationen handelt, die

1. diese von einem oder über einen ihrer Auftraggeber im Rahmen der Beurteilung der Rechtslage für diesen erhalten oder erlangen oder

2. diese im Rahmen ihrer Tätigkeit als Verteidiger oder Vertreter dieses Auftraggebers in einem Gerichts- oder sonstigem behördlichen Verfahren erhalten oder erlangen oder

3. diese betreffend ein solches Verfahren, einschließlich einer Beratung über das Betreiben oder Vermeiden eines derartigen Verfahrens, erhalten oder erlangen,

   und die sie vor oder nach einem derartigen Verfahren bzw. während eines derartigen Verfahrens erhalten oder erlangen.

(10) Die Pflichten nach Abs. 1 bis 7 bleiben allerdings bestehen, wenn die Berufsberechtigten wissen, dass der Auftraggeber ihre Rechtsberatung bewusst für den Zweck der Geldwäsche oder Terrorismusfinanzierung in Anspruch nimmt.

(11) Geben Berufsberechtigte, deren Angestellte oder leitendes Personal im guten Glauben Informationen gemäß den Abs. 1, 2, 4 oder 7 weiter oder wird in diesem Zusammenhang ein Auftrag nicht durchgeführt, so gilt dies nicht als Verletzung einer vertraglich oder durch Rechts- oder Verwaltungsvorschriften geregelten Beschränkung der Informationsweitergabe und zieht für den Berufsberechtigten oder sein leitendes Personal oder seine Angestellten keinerlei Haftung nach sich, und zwar auch nicht in Fällen, in denen ihnen die zugrunde liegende kriminelle Tätigkeit oder die in Verbindung stehende Terrorismusfinanzierung nicht genau bekannt war, und unabhängig davon, ob tatsächlich eine rechtswidrige Handlung begangen wurde.

(12) Berufsberechtigte, ihr leitendes Personal, ihre Angestellten oder ihre Vertreter, die innerhalb des Unternehmens des Berufsberechtigten, innerhalb der Gruppe oder gegenüber der Geldwäschemeldestelle eine Meldung nach Abs. 1, 2, 4 oder 7 erstatten oder einen Verdacht auf Geldwäsche oder Terrorismusfinanzierung melden, dürfen deswegen weder

1. benachteiligt, insbesondere nicht beim Entgelt, beim beruflichen Aufstieg, bei Maßnahmen der Aus- und Weiterbildung, bei der Versetzung oder bei der Beendigung des Arbeitsverhältnisses, oder

2. nach strafrechtlichen Vorschriften verantwortlich gemacht werden,

es sei denn, die Meldung ist vorsätzlich unwahr abgegeben worden. Dem Arbeitgeber oder einem Dritten steht ein Schadenersatzanspruch nur bei einer offenbar unrichtigen Meldung, die der Arbeitnehmer mit Schädigungsvorsatz erstattet hat, zu. Die Berechtigung zur Abgabe von Meldungen darf vertraglich nicht eingeschränkt werden. Entgegenstehende Vereinbarungen sind unwirksam.

(13) Die Geldwäschemeldestelle ist ermächtigt anzuordnen, dass eine laufende oder bevorstehende Transaktion, die der Meldepflicht gemäß § 96 unterliegt, unterbleibt oder vorläufig aufgeschoben wird und dass Aufträge des Auftraggebers über Geldausgänge nur mit Zustimmung der Geldwäschemeldestelle durchgeführt werden dürfen. Die Geldwäschemeldestelle hat die Staatsanwaltschaft ohne unnötigen Aufschub von der Anordnung zu verständigen. Der Auftraggeber ist ebenfalls zu verständigen, wobei die Verständigung des Auftraggebers längstens für fünf Werktage aufgeschoben werden kann, wenn diese ansonsten die Verfolgung der Begünstigten einer verdächtigen Transaktion behindern könnte. Der Berufsberechtigte ist über den Aufschub der Verständigung des Auftraggebers zu informieren. Die Verständigung des Auftraggebers hat den Hinweis zu enthalten, dass er oder ein sonst Betroffener berechtigt sei, Beschwerde wegen Verletzung seiner Rechte an das zuständige Verwaltungsgericht zu erheben.

(14) Die Geldwäschemeldestelle hat die Anordnung nach Abs. 13 aufzuheben, sobald die Voraussetzungen für die Erlassung weggefallen sind oder die Staatsanwaltschaft erklärt, dass die Voraussetzungen für eine Beschlagnahme gemäß § 109 Z 2 und § 115 Abs. 1 Z 3 StPO nicht bestehen. Die Anordnung tritt im Übrigen außer Kraft,

1. wenn seit ihrer Erlassung sechs Monate vergangen sind oder

2. sobald das Gericht über einen Antrag auf Beschlagnahme gemäß § 109 Z 2 und § 115 Abs. 1 Z 3 StPO rechtskräftig entschieden hat.

(15) Die Geldwäschemeldestelle hat den Berufsberechtigten Zugang zu aktuellen Informationen über Methoden der Geldwäsche und der Terrorismusfinanzierung und über Anhaltspunkte zu verschaffen, an denen sich

verdächtige Transaktionen erkennen lassen. Soweit dies praktikabel ist, hat sie ebenso dafür zu sorgen, dass eine zeitgerechte Rückmeldung an den Berufsberechtigten in Bezug auf die Wirksamkeit von Verdachtsmeldungen und die daraufhin getroffenen Maßnahmen erfolgt.

Verbot der Informationsweitergabe

§ 97. (1) Berufsberechtigte sowie deren leitendes Personal und deren Angestellte dürfen weder den betroffenen Auftraggeber noch Dritte davon in Kenntnis setzen, dass eine Übermittlung von Informationen an die Geldwäschemeldestelle gerade erfolgt, erfolgen wird oder erfolgt ist oder dass eine Analyse wegen Geldwäsche oder Terrorismusfinanzierung gerade stattfindet oder stattfinden könnte. In Anwendung des Verbots der Informationsweitergabe besteht für personenbezogene Daten kein Zugangsrecht für betroffene Personen.

(2) Das Verbot nach Abs. 1 bezieht sich nicht auf die Weitergabe von Informationen an die Geldwäschemeldestelle und die Aufsichtsbehörde gemäß § 101 Abs. 1 oder auf die Weitergabe von Informationen zu Strafverfolgungszwecken.

(3) Das Verbot nach Abs. 1 steht einer Informationsweitergabe zwischen den Berufsberechtigten oder Einrichtungen aus Drittländern, in denen der Geldwäsche-RL gleichwertige Anforderungen gelten, nicht entgegen, sofern sie ihre berufliche Tätigkeit, ob als Angestellte oder nicht, in derselben juristischen Person oder in einer umfassenderen Struktur ausüben, der die Person angehört und die gemeinsame Eigentümer oder eine gemeinsame Leitung hat oder über eine gemeinsame Kontrolle in Bezug auf die Einhaltung der einschlägigen Vorschriften verfügt.

(4) Bei den Berufsberechtigten steht das Verbot nach Abs. 1 in Fällen, die sich auf denselben Auftraggeber oder dieselbe Transaktion beziehen und an denen zwei oder mehr Verpflichtete im Sinne der Geldwäsche-RL beteiligt sind, einer Informationsweitergabe zwischen den betreffenden Verpflichteten nicht entgegen, sofern es sich bei diesen um Verpflichtete aus einem Mitgliedstaat oder um Einrichtungen in einem Drittland, in dem der Geldwäsche-RL gleichwertige Anforderungen gelten, handelt und sofern sie derselben Berufskategorie im Sinne des Art. 2 Abs. 1 Z 3 der Geldwäsche-RL angehören und Verpflichtungen in Bezug auf

das Berufsgeheimnis und den Schutz personenbezogener Daten unterliegen.

(5) Bemühen sich ein Berufsberechtigter, dessen leitendes Personal oder dessen Angestellte, einen Auftraggeber davon abzuhalten, eine rechtswidrige Handlung zu begehen, gilt dies nicht als Informationsweitergabe im Sinne des Abs. 1.

(6) Berufsberechtigte haben, wenn sie Kenntnis davon erhalten, den Verdacht oder berechtigten Grund zu der Annahme haben, dass ein meldepflichtiger Sachverhalt gemäß § 96 vorliegt und sie vernünftigerweise davon ausgehen können, dass die Anwendung der Sorgfaltspflichten gegenüber Kunden die Verfolgung der Begünstigten einer verdächtigen Transaktion behindern könnte, die Anwendung der Sorgfaltspflichten gegenüber Kunden auszusetzen und haben stattdessen die Geldwäschemeldestelle umgehend mittels Verdachtsmeldung zu informieren.

Dokumentations- und Aufbewahrungspflichten

§ 98. (1) Berufsberechtigte haben zumindest fünf Jahre nach dem letzten Geschäftsfall bzw. nach der Durchführung einer Transaktion aufzubewahren:

1. Unterlagen, die der Erfüllung von Sorgfaltspflichten gegenüber Auftraggebern dienen,
2. Belege und Aufzeichnungen von Transaktionen,
3. Unterlagen, die im Zusammenhang mit abgegebenen Verdachtsmeldungen erstellt wurden und
4. Unterlagen im Zusammenhang mit der Risikoeinstufung des Auftraggebers.

(2) Die Berufsberechtigten haben alle personenbezogenen Daten, die sie ausschließlich für die Zwecke dieses Bundesgesetzes verarbeitet haben, nach Ablauf der Aufbewahrungsfristen nach Abs. 1 zu löschen, es sei denn, Vorschriften anderer Bundesgesetze erfordern oder berechtigen zu einer längeren Aufbewahrungsfrist. Keine Löschung der Daten darf bis zur rechtskräftigen Beendigung eines anhängigen Ermittlungs-, Haupt- oder Rechtsmittelverfahrens wegen § 165, § 278a, § 278b, § 278c, § 278d oder § 278e StGB erfolgen, wenn der Berufsberechtigte davon nachweislich Kenntnis erlangt hat.

Innerorganisatorische Maßnahmen

§ 99. (1) Berufsberechtigte müssen zur Verhinderung von Geldwäsche und Terrorismusfinanzierung geeignete

Maßnahmen treffen, die in einem angemessenen Verhältnis zu Art und Umfang ihrer Geschäftstätigkeit stehen. Sie haben auf risikobasierter Basis insbesondere

1. angemessene und geeignete Strategien und Verfahren einzuführen für:

   a) Die Einhaltung der Sorgfaltspflichten gegenüber Auftraggebern, wobei auch dies Maßnahmen beinhaltet, in Bezug auf neue Produkte, Praktiken und Technologien, zum Ausgleich der damit im Zusammenhang stehenden Risiken,

   b) Verdachtsmeldungen,

   c) die Aufbewahrung von Aufzeichnungen,

   d) die Risikobewertung und das Risikomanagement in Bezug auf Geschäftsbeziehungen und Transaktionen und

   e) geeignete Kontroll- und Informationssysteme in ihren Kanzleien sowie

2. das in ihrer Kanzlei befasste Personal

   a) bereits bei Einstellung einer Überprüfung im Hinblick auf Geldwäsche und Terrorismusfinanzierung zu unterziehen,

   b) mit den Bestimmungen, die der Verhinderung und der Bekämpfung der Geldwäsche und der Terrorismusfinanzierung dienen, nachweislich vertraut zu machen und

   c) in besonderen Fortbildungsprogrammen zu schulen.

(2) Berufsberechtigte haben einen besonderen Beauftragten zur Sicherstellung der Einhaltung der Bestimmungen dieses Bundesgesetzes zu bestellen, wenn dies nach Art und Umfang der Geschäftstätigkeit erforderlich ist. Die Position des besonderen Beauftragten ist so einzurichten, dass dieser lediglich dem Leitungsorgan gegenüber verantwortlich ist und dem Leitungsorgan direkt – ohne Zwischenebenen – zu berichten hat. Weiters ist ihm freier Zugang zu sämtlichen Informationen, Daten, Aufzeichnungen und Systemen, die in irgendeinem möglichen Zusammenhang mit Geldwäsche und Terrorismusfinanzierung stehen könnten, sowie ausreichende Befugnisse zur Durchsetzung der Einhaltung der Bestimmungen dieses Bundesgesetzes einzuräumen. Berufsberechtigte haben durch entsprechende organisatorische Vorkehrungen sicherzustellen, dass die Aufgaben des besonderen Beauftragten jederzeit vor Ort

erfüllt werden können. Berufsberechtigte haben sicherzustellen, dass der besondere Beauftragte jederzeit über ausreichende Berufsqualifikationen, Kenntnisse und Erfahrungen verfügt (fachliche Qualifikation) und zuverlässig und integer ist (persönliche Zuverlässigkeit).

(3) Berufsberechtigte haben, soweit angebracht, ein Mitglied des Leitungsorgans zu bestimmen, das für die Einhaltung der Bestimmungen, die der Verhinderung oder der Bekämpfung der Geldwäsche oder der Terrorismusfinanzierung dienen, zuständig ist.

(4) Nähere Details zu den oben angeführten Pflichten hat die Kammer der Wirtschaftstreuhänder durch Verordnung festlegen.

(5) Berufsberechtigte, die Teil einer Gruppe sind, haben gruppenweit anzuwendende Strategien und Verfahren einzurichten, darunter Datenschutzstrategien sowie Strategien und Verfahren für den Informationsaustausch innerhalb der Gruppe für die Zwecke der Bekämpfung von Geldwäsche und Terrorismusfinanzierung. Diese Strategien und Verfahren müssen auf Ebene der Zweigstellen und der mehrheitlich im Besitz des oder der Berufsberechtigten befindlichen Tochterunternehmen in Mitgliedstaaten und Drittländern wirksam umgesetzt werden.

(6) Berufsberechtigte mit Niederlassungen in einem anderen EU-Mitgliedstaat haben sicherzustellen, dass diese Niederlassungen den zur Umsetzung der Geldwäsche-RL verabschiedeten nationalen Rechtsvorschriften des anderen EU-Mitgliedstaats Folge leisten.

(7) Berufsberechtigte haben sicherzustellen, dass ihre Zweigstellen oder mehrheitlich in ihrem Besitz befindliche Tochterunternehmen in Drittländern, in denen die Mindestanforderungen an die Bekämpfung von Geldwäsche und Terrorismusfinanzierung weniger streng sind als die Anforderungen nach dem österreichischen Recht, die Anforderungen des österreichischen Rechts, einschließlich in Bezug auf den Datenschutz, anwenden, soweit das Recht des Drittlandes dies zulässt. Zudem haben sie sicherzustellen, dass von Zweigstellen oder mehrheitlich in ihrem Besitz befindlichen Tochterunternehmen in diesem Drittland zusätzliche Maßnahmen angewendet werden, um dem Risiko der Geldwäsche oder Terrorismusfinanzierung wirksam zu begegnen und die Kammer der Wirtschaftstreuhänder darüber

zu unterrichten. Reichen die zusätzlichen Maßnahmen nicht aus, hat die Kammer der Wirtschaftstreuhänder zusätzliche Aufsichtsmaßnahmen zu treffen. Diese Aufsichtsmaßnahmen sind, dass die Gruppe in dem Drittland keine Geschäftsbeziehungen eingeht oder diese beendet und keine Transaktionen in dem Drittland vornimmt, und nötigenfalls, dass die Gruppe ihre Geschäfte dort einstellt.

(8) Die Weitergabe von Informationen innerhalb einer Gruppe ist zulässig.

Hinweisgebersystem

§ 100. (1) Bei der Kammer der Wirtschaftstreuhänder hat ein internetbasiertes Hinweisgebersystem zu bestehen, über welches Hinweise auf Verstöße gegen die in §§ 88 bis 99 genannten Pflichten auch anonym gemeldet werden können.

(2) Die Kammer der Wirtschaftstreuhänder hat durch Verordnung festzulegen,

1. wie Hinweise über das Hinweisgebersystem abgegeben werden können,
2. welches Verfahren an die Abgabe eines solchen Hinweises anschließt,
3. welcher Schutz vor rechtlichen und faktischen Sanktionierungen, Benachteiligungen und Diskriminierungen Hinweisgebern zukommt,
4. welche Rechte dem durch einen Hinweis Beschuldigten zukommen,
5. wie den notwendigen Erfordernissen des Datenschutzes in Bezug auf Hinweisgeber und Beschuldigte Rechnung zu tragen ist und
6. in welchem Ausmaß aus verfahrensrechtlichen Gründen Ausnahmen von der Hinweisgebern ansonsten soweit wie möglich zu gewährenden Vertraulichkeit gegenüber ihren Arbeitgebern bestehen.

(3) Die Kammer der Wirtschaftstreuhänder hat durch Verordnung festzulegen, in welchem Ausmaß Berufsberechtigte unternehmensinterne Hinweisgebersysteme einzurichten haben, über die ihre Angestellten oder Personen in einer vergleichbaren Position Verstöße gegen die in §§ 88 bis 99 genannten Pflichten anonym melden können.

(4) Die Abgabe von Hinweisen über ein Hinweisgebersystem nach Abs. 1 oder 3 gilt nicht als

Verletzung einer vertraglich oder durch Rechts- oder Verwaltungsvorschriften geregelten Beschränkung der Informationsweitergabe und zieht für den Hinweisgeber keinerlei Haftung nach sich, und zwar auch nicht in Fällen, in denen ihm der zugrunde liegende Verstoß gegen die in den §§ 88 bis 99 genannten Pflichten nicht genau bekannt war, und unabhängig davon, ob tatsächlich eine rechtswidrige Handlung begangen wurde.

Aufsicht

§ 101. (1) Die Aufsicht über die Einhaltung der Bestimmungen dieses Abschnittes obliegt der Kammer der Wirtschaftstreuhänder im Rahmen ihrer Aufgaben gemäß § 152 Abs. 2 Z 4. Die Kammer der Wirtschaftstreuhänder ist zuständige Behörde im Sinne des Art. 48 der Geldwäsche-RL. Die Aufsicht umfasst die risikobasierte Prüfung der Vorkehrungen, die ein Berufsberechtigter zur Einhaltung der Bestimmungen dieses Abschnittes in seinem Betrieb getroffen hat, einschließlich einer Nachschau beim Berufsberechtigten.

(2) Der Aufsicht nach den Bestimmungen dieses Abschnittes unterliegen alle Berufsberechtigten, die ihren Beruf selbständig im eigenen Namen und auf eigene Rechnung ausüben. Berufsberechtigte, deren Befugnis gemäß § 85 ruht, unterliegen nicht der Aufsicht.

(3) Die der Aufsicht unterliegenden Berufsberechtigten haben der Kammer der Wirtschaftstreuhänder auf Verlangen alle Auskünfte zu erteilen und Unterlagen vorzulegen, die in Hinblick auf die Vorkehrungen zur Erfüllung der Sorgfaltspflichten von Bedeutung sind. Die Kammer der Wirtschaftstreuhänder kann, auch anlassunabhängig, prüfen, ob entsprechende Vorkehrungen zur Einhaltung der Sorgfaltspflichten nach den Bestimmungen dieses Abschnittes vorgesehen sind und eingehalten werden. Die mit der Prüfung befassten Personen sind berechtigt, die Geschäftsräume der Berufsberechtigten zu betreten. Innerhalb der üblichen Geschäftszeiten ist diesen für Zwecke einer Nachschau Zutritt zu gewähren.

(4) Alle im Rahmen der Aufsicht erforderlichen Entscheidungen sind vom Ausschuss für die Aufsicht gemäß § 159 Abs. 4 zu treffen.

(5) Die Kammer der Wirtschaftstreuhänder hat die Geldwäschemeldestelle umgehend zu unterrichten, wenn sie im Rahmen von Prüfungen von Berufsberechtigten gemäß

§ 102 oder bei anderen Gelegenheiten Tatsachen aufdecken, die mit Geldwäsche oder Terrorismusfinanzierung zusammenhängen könnten.

(6) Die Kammer der Wirtschaftstreuhänder hat jährlich einen Bericht mit Informationen über Maßnahmen zur Überprüfung der Einhaltung der Sorgfaltspflichten gegenüber Auftraggebern, Verdachtsmeldungen, Aufbewahrungs- und Aufzeichnungsverpflichtungen und interne Kontrollen bei den Berufsberechtigten, verhängte Maßnahmen-Sanktionen gemäß § 105, die Anzahl der erhaltenen Berichte über Verstöße im Wege des Hinweisgebersystems gemäß § 100 Abs. 1 sowie die Anzahl und Beschreibung der Maßnahmen gemäß § 102 zu veröffentlichen. Für Zwecke der Erstellung dieses Berichts hat die Abschlussprüferaufsichtsbehörde der Kammer der Wirtschaftstreuhänder die erforderlichen Informationen über die gemäß § 102 Abs. 4 von Prüfungen gemäß § 102 Abs. 1 Z 1 ausgenommenen Berufsberechtigten zu übermitteln.

Prüfungen

§ 102. (1) Die Kammer der Wirtschaftstreuhänder kann Prüfungen der Vorkehrungen zur Einhaltung der Bestimmungen dieses Abschnittes bei Berufsberechtigten vornehmen:

1. anlassunabhängig nach einem risikobasierten Ansatz oder

2. anlassbezogen, insbesondere bei Eintritt wichtiger Ereignisse oder Entwicklungen in der Geschäftsleitung und Geschäftstätigkeit der Berufsberechtigten.

(2) Eine Prüfung der Vorkehrungen kann erfolgen durch:

1. eine Bewertung anhand von durch den Betrieb des Berufsberechtigten zur Verfügung gestellten Unterlagen und

2. eine Nachschau im Betrieb des Berufsberechtigten einschließlich einer stichprobenmäßigen Nachschau in Auftragsunterlagen.

(3) Eine Nachschau im Betrieb eines Berufsberechtigten hat durch Experten gemäß § 103 zu erfolgen. Bei der Auswahl des für eine Nachschau zuständigen Experten sind die beruflichen Befangenheitsbestimmungen zu beachten. Wechselseitige Nachschauen sind unzulässig. Eine Nachschau ist dem Berufsberechtigten zumindest eine Woche im Vorhinein schriftlich anzukündigen. Nach erfolgter

Nachschau hat der Experte einen Bericht zu erstellen und diesen mit einer abschließenden Beurteilung zu versehen. Der Bericht ist der Kammer der Wirtschaftstreuhänder zu übermitteln.

(4) Berufsberechtigte, die im öffentlichen Register gemäß § 52 APAG eingetragen sind, sind von Prüfungen gemäß Abs. 1 Z 1 ausgenommen. Die Abschlussprüferaufsichtsbehörde hat Verstöße von Berufsberechtigten gegen Bestimmungen dieses Abschnittes, die bei der Durchführung von Qualitätssicherungsprüfungen gemäß § 24 APAG, Sonderprüfungen gemäß § 38 Abs. 2 Z 2 APAG, Inspektionen gemäß § 43 APAG oder Untersuchungen gemäß § 61 APAG festgestellt werden, der Kammer der Wirtschaftstreuhänder unter Beischluss des bezughabenden Auszugs des jeweiligen Berichts schriftlich mitzuteilen.

(5) Die Kosten einer Prüfung gemäß Abs. 1 Z 2, insbesondere die Entlohnung des Experten gemäß § 103 Abs. 4, sind vom geprüften Berufsberechtigten zu tragen. Die Kosten einer Prüfung gemäß Abs. 1 Z 1 können dem geprüften Berufsberechtigten ganz oder teilweise übertragen werden. Nähere Bestimmungen dazu hat die Geschäftsordnung zu treffen.

(6) Unterliegt ein gemäß § 101 Abs. 2 der Aufsicht unterliegender Berufsangehöriger aufgrund anderer Berufsberechtigungen Präventionspflichten zur Verhinderung der Geldwäsche und der Terrorismusfinanzierung, die den Anforderungen der Geldwäsche-RL entsprechen und deren Einhaltung einer dieser Richtlinie entsprechenden Aufsicht einer anderen Behörde unterliegt, sind Ergebnisse von aufsichtsrechtlichen Prüfungen dieser Behörden bei der Durchführung von Prüfungen gemäß Abs. 1 Z 1 zu berücksichtigen. Unter Berücksichtigung von § 104 Abs. 1 kann von der Fortsetzung einer Prüfung nach Abs. 1 Z 1 abgesehen werden, sofern diese unter Zugrundelegung des jeweiligen Risikos nicht erforderlich ist.

Experten

§ 103. (1) Der Vorstand hat eine Liste von Experten zu erstellen. Die Liste hat eine ausreichende Zahl an Experten zu enthalten, um die für die Aufsicht erforderlichen Nachschauen angemessen durchführen zu können. Die Experten sind zu entnehmen aus:

1. der Liste der Untersuchungskommissäre gemäß § 140 und

2. der Liste der Qualitätsprüfer gemäß § 26 Abs. 5 APAG.

(2) Weitere Voraussetzung für die Bestellung als Experte ist der Nachweis einer einschlägigen Schulung in angemessenem Umfang auf dem Gebiet der Verhinderung der Geldwäsche und der Terrorismusfinanzierung längstens ein Jahr vor der erfolgten Bestellung.

(3) Voraussetzung für die Bestellung einer Gesellschaft zum Experten ist die aufrechte Bestellung zumindest eines Vorstandsmitgliedes oder eines Geschäftsführers oder eines persönlich haftenden Gesellschafters als Experte.

(4) Experten haben einen Anspruch auf Entlohnung. Diese hat sich insbesondere an den berufsüblichen Grundsätzen, der Größe des zu überprüfenden Betriebes und der dafür aufzuwendenden Zeit zu orientieren. Nähere Bestimmungen dazu hat die Geschäftsordnung zu treffen. Für Experten gilt § 140 Abs. 3 gleichermaßen.

Risikobasierter Ansatz der Aufsicht

§ 104. (1) Prüfungen gemäß § 102 haben nach einem risikobasierten Ansatz zu erfolgen. Die Häufigkeit und Intensität der Prüfungen hat sich am jeweiligen Risikoprofil der Berufsberechtigten sowie an bestehenden Risiken von Geldwäsche und Terrorismusfinanzierung in Österreich zu orientieren. Dabei sind den Berufsberechtigten zustehende Ermessensspielräume und die auf diesen basierenden Risikobewertungen zu berücksichtigen.

(2) Der Bundesminister für Arbeit und Wirtschaft sowie die Geldwäschemeldestelle sind verpflichtet, der Kammer der Wirtschaftstreuhänder die erforderlichen Informationen zu bestehenden Risiken von Geldwäsche und Terrorismusfinanzierung in Österreich zur Verfügung zu stellen und ein klares Verständnis über die vorhandenen Risiken zu vermitteln. Die Kammer der Wirtschaftstreuhänder hat, wenn sie Informationen von der Geldwäschemeldestelle im Wege der Amtshilfe oder des Informationsaustausches erhält, der Geldwäschemeldestelle eine Rückmeldung über die Verwendung dieser Informationen und die Ergebnisse der auf Grundlage der bereitgestellten Informationen durchgeführten Ermittlungen oder Prüfungen zu geben.

(3) Die der Aufsicht nach diesem Abschnitt unterliegenden Berufsberechtigten sind verpflichtet, der Kammer der Wirtschaftstreuhänder auf Aufforderung die Bewertung ihres Risikos im Zusammenhang mit Geldwäsche und Terrorismusfinanzierung gemäß § 88 zu übermitteln. Eine neuerliche Bewertung hat in regelmäßigen Abständen und bei Eintritt wichtiger Ereignisse zu erfolgen. Als wichtige Ereignisse gelten insbesondere Änderungen in der Zusammensetzung der Geschäftsführung und Vertretung nach außen von Gesellschaften oder in der Geschäftstätigkeit des Berufsberechtigten.

(4) Zur Durchführung der risikobasierten Aufsicht hat die Kammer der Wirtschaftstreuhänder durch Verordnung Parameter festzulegen. Die der Aufsicht unterliegenden Berufsberechtigten sind verpflichtet, der Kammer der Wirtschaftstreuhänder die in diesem Zusammenhang erforderlichen Informationen zur Verfügung zu stellen. Bei der Durchführung der Aufsicht auf Basis des risikobasierten Ansatzes sind von Europäischen Aufsichtsbehörden gemäß Art. 48 Abs. 10 der Geldwäsche-RL veröffentlichten Leitlinien zur risikobasierten Aufsicht zu beachten.

Maßnahmen-Sanktionen

§ 105. (1) **(Verfassungsbestimmung)** Ein Berufsberechtigter, der vorsätzlich gegen die in diesem Abschnitt festgelegten Pflichten verstößt, begeht eine Verwaltungsübertretung und ist von der Kammer der Wirtschaftstreuhänder mit einer Geldstrafe von 400 Euro bis zu 20 000 Euro zu bestrafen.

(2) **(Verfassungsbestimmung)** Ein Berufsberechtigter, der schwerwiegend, wiederholt oder systematisch gegen die in §§ 89 bis 96 sowie §§ 98 und 99 festgelegten Pflichten vorsätzlich verstößt, kann von der Kammer der Wirtschaftstreuhänder mit den folgenden Maßnahmen belegt werden:

1. eine Aufforderung an den Berufsberechtigten, die als pflichtwidrig festgestellte Verhaltensweise einzustellen und von einer Wiederholung abzusehen,
2. eine öffentliche Bekanntgabe des Berufsberechtigten und der Art des Verstoßes auf der Website der Kammer der Wirtschaftstreuhänder,
3. eine Geldstrafe in zweifacher Höhe des infolge des Verstoßes erzielten Gewinnes, sofern sich dieser

beziffern lässt, andernfalls in Höhe von zumindest 400 Euro und bis zu 1 000 000 Euro,

4. ein vorübergehendes Verbot, die Geschäftsführung und Vertretung nach außen, einschließlich die Prokura einer Wirtschaftstreuhandgesellschaft auszuüben, oder

5. die Suspendierung der Berufsberechtigung gemäß § 106 Abs. 1 Z 7.

(3) Grundlage für die Bemessung der Verwaltungsstrafe nach Abs. 1 und der Maßnahme nach Abs. 2 ist die Schuld des Berufsberechtigten. Bei der Bemessung hat die Kammer der Wirtschaftstreuhänder auch auf die Auswirkungen der Verwaltungsstrafe oder Maßnahme und anderer zu erwartender Folgen der Tat auf das künftige Leben des Berufsberechtigten Bedacht zu nehmen. Ebenso ist darauf Bedacht zu nehmen, welchen Strafmaßes es bedarf, um derartigen Verstößen durch andere Berufsberechtigte entgegenzuwirken. Die Kammer der Wirtschaftstreuhänder hat bei der Festsetzung von Art und Höhe der Verwaltungsstrafen oder Maßnahmen alle maßgeblichen Umstände zu berücksichtigen, insbesondere:

1. die Schwere und die Dauer des Verstoßes,

2. den Verschuldensgrad der verantwortlich gemachten Person,

3. die Finanzkraft der verantwortlich gemachten Person, wie sie sich beispielsweise aus deren Gesamtumsatz oder Jahreseinkünften ableiten lässt,

4. die von der verantwortlichen Person durch den Verstoß erzielten Gewinne, sofern sie sich beziffern lassen,

5. die Verluste, die Dritten durch den Verstoß entstanden sind, sofern sie sich beziffern lassen,

6. die Bereitwilligkeit der verantwortlichen Person, mit der Kammer der Wirtschaftstreuhänder zusammenzuarbeiten und

7. frühere Verstöße der verantwortlichen Person.

(4) In dem in Abs. 2 genannten Fall können nach Maßgabe der Bemessung im Sinne des Abs. 3 die Maßnahmen nach Abs. 2 Z 1, 2 und 3 auch kombiniert werden. Die Maßnahmen nach Abs. 2 Z 4 oder 5 dürfen nur verhängt werden, wenn eine Maßnahme nach Abs. 2 Z 1, 2 und 3 oder eine Kombination aus den Maßnahmen nach Abs. 2 Z 1, 2 und 3 nicht ausreicht, um den Berufsberechtigten von einem weiteren Verstoß gegen die in diesem Abschnitt festgelegten Pflichten abzuhalten.

(5) **(Verfassungsbestimmung)** Die Kammer der Wirtschaftreuhänder hat Geldstrafen gegen juristische Personen zu verhängen, wenn ein Verstoß gemäß Abs. 1 oder 2 zu ihren Gunsten von einer Person begangen wurde, die allein oder als Teil eines Organs der juristischen Person gehandelt hat und die aufgrund einer der folgenden Befugnisse eine Führungsposition innerhalb der juristischen Person innehat:

1. Befugnis zur Vertretung der juristischen Person oder
2. Befugnis, Entscheidungen im Namen der juristischen Person zu treffen oder
3. Kontrollbefugnis innerhalb der juristischen Person.

(6) Juristische Personen sind wegen Pflichtverletzungen gemäß Abs. 1 oder 2 auch dann verantwortlich zu machen, wenn mangelnde Überwachung oder Kontrolle durch eine in Abs. 5 genannte Person die Begehung einer in Abs. 1 oder 2 genannten Pflichtverletzungen zugunsten der juristischen Person durch eine für sie tätige Person ermöglicht hat.

(7) **(Verfassungsbestimmung)** Bei einem Verstoß der in Abs. 5 genannten Person gegen Abs. 1 ist gegen die juristische Person eine Geldstrafe von 400 Euro bis zu 20 000 Euro zu verhängen. Bei einem Verstoß der in Abs. 5 genannten Person gegen Abs. 2 ist eine Geldstrafe bis zur zweifachen Höhe des infolge des Verstoßes erzielten Gewinnes, sofern sich dieser beziffern lässt, andernfalls in Höhe von zumindest 400 Euro und höchstens bis zu 1 000 000 Euro festgesetzt werden. Für die Bemessung der Geldstrafe gilt Abs. 3.

(8) Die Kammer der Wirtschaftreuhänder hat von der Verhängung einer Geldstrafe gegen eine juristische Person abzusehen, wenn es sich um keinen schwerwiegenden, wiederholten oder systematischen Verstoß handelt und keine besonderen Umstände vorliegen, die einem Absehen von der Bestrafung entgegenstehen.

(9) Über die nach dieser Bestimmung verhängten Verwaltungsstrafen oder Maßnahmen hat die Kammer der Wirtschaftreuhänder einen Bescheid zu erlassen. Die für die Verhängung von Disziplinar- und Verwaltungsstrafen anzuwendenden Verfahrensbestimmungen bleiben unberührt.

(10) Die Kammer der Wirtschaftreuhänder hat alle nach dieser Bestimmung rechtskräftig verhängten Maßnahmen auf ihrer Website zu veröffentlichen. Die betroffene Person ist darüber vorab zu informieren. Eine Veröffentlichung der

Identität oder personenbezogener Daten darf nicht unverhältnismäßig sein. Insbesondere bei Maßnahmen, die als geringfügig angesehen werden, ist bei der Bekanntmachung der Entscheidungen die Verhältnismäßigkeit zu wahren. Im Zweifel hat eine Veröffentlichung von Maßnahmen in anonymisierter Form zu erfolgen. Veröffentlichungen sind auf der Website der Kammer der Wirtschaftstreuhänder zumindest fünf Jahre öffentlich zugänglich zu halten.

(11) Das Verwaltungsstrafgesetz 1991 (VStG), BGBl. Nr. 52, ist anzuwenden.

(12) Die Kammer der Wirtschaftstreuhänder darf ausländischen Ersuchen um Amts- oder Rechtshilfe in Zusammenhang mit der Wahrnehmung von Sanktionen oder Maßnahmen entsprechen, wenn gewährleistet ist, dass auch der ersuchende Staat einem gleichartigen österreichischen Ersuchen entsprechen würde. Sie darf ausländische Behörden um Amts- und Rechtshilfe ersuchen, soweit einem gleichartigen Ersuchen eines anderen Staates ebenfalls entsprochen werden könnte.

(13) Hat der Berufsberechtigte für den Verstoß, für den er im Inland bestraft wird, schon im Ausland eine Strafe verbüßt, so ist sie auf die im Inland verhängte Strafe anzurechnen.

5. Hauptstück
Suspendierung – Endigung – Verwertung

1. Abschnitt
Suspendierung

Voraussetzungen

§ 106. (1) Die Kammer der Wirtschaftstreuhänder hat die Ausübung eines Wirtschaftstreuhandberufes vorläufig zu untersagen bei

1. Verlust der vollen Handlungsfähigkeit oder
2. Vorliegen einer rechtswirksamen Anklageschrift gemäß §§ 210 bis 215 StPO, wegen des Verdachtes
   a) einer mit Vorsatz begangenen strafbaren Handlung, die mit mehr als dreimonatiger Freiheitsstrafe bedroht ist, oder
   b) einer mit Bereicherungsvorsatz begangenen gerichtlich strafbaren Handlung oder

c) eines gerichtlich strafbaren Finanzvergehens oder

3. Verhängung der Untersuchungshaft wegen des Verdachtes einer der in Z 2 lit. a bis c aufgezählten Handlungen oder

4. rechtskräftiger Eröffnung eines Insolvenzverfahrens oder

5. bei Nichteröffnung oder Aufhebung eines Insolvenzverfahrens mangels kostendeckenden Vermögens oder

6. fehlender Vermögensschaden-Haftpflichtversicherung oder

7. wiederholten schwerwiegenden Verstößen gegen die Bestimmungen zur Verhinderung der Geldwäsche und der Terrorismusfinanzierung.

(2) Von einer Suspendierung ist in den Fällen des Abs. 1 Z 2 abzusehen, wenn die ordnungsgemäße Berufsausübung nicht gefährdet ist. Wird von einer Suspendierung abgesehen, ist die Kammer der Wirtschaftstreuhänder bis zur rechtskräftigen Beendigung des zugrundeliegenden Strafverfahrens berechtigt, vom Berufsberechtigten Auskünfte zu verlangen und Einschauen in der Kanzlei des Berufsberechtigten durchzuführen. Ergibt sich nachträglich eine Gefährdung der ordnungsgemäßen Berufsausübung, hat die Kammer der Wirtschaftstreuhänder die Suspendierung auszusprechen.

(3) Über die Suspendierung ist ein schriftlicher Bescheid zu erlassen. Der Bescheid über die Suspendierung ist dem Berufsberechtigten zu eigenen Handen zuzustellen. Im Fall des Abs. 1 Z 1 und bei Gesellschaften ist der Bescheid dem gesetzlichen Vertreter zuzustellen. Abweichend von § 13 Abs. 1 des Verwaltungsgerichtsverfahrensgesetz (VwGVG), BGBl. I Nr. 33/2013, kommt einer Beschwerde gegen einen Bescheid, mit dem Ausübung eines Wirtschaftstreuhandberufes vorläufig untersagt wird, keine aufschiebende Wirkung zu.

(4) Im Falle der vorläufigen Untersagung der Ausübung eines Wirtschaftstreuhandberufs von einer natürlichen Person oder Gesellschaft hat die Kammer der Wirtschaftstreuhänder umgehend einen Kanzleikurator zu bestellen. Es gelten die Bestimmungen des § 82 Abs. 3, Abs. 5, Abs. 8 und Abs. 10.

Aufhebung der Suspendierung

§ 107. Die Kammer der Wirtschaftstreuhänder hat die Suspendierung auf Antrag aufzuheben, wenn der Grund für eine Untersagung nicht mehr gegeben ist.

Veröffentlichung

(Anm.: § 108.) Die Kammer der Wirtschaftstreuhänder hat jede Suspendierung oder deren Aufhebung von Amts wegen im Mitgliederverzeichnis gemäß § 173 ersichtlich zu machen und gemäß § 106 Abs. 4 bestellte Kanzleikuratoren anzuführen.

2. Abschnitt
Erlöschen der Berechtigung

Allgemeines

§ 109. Die Berechtigung zur selbständigen Ausübung eines Wirtschaftstreuhandberufes erlischt durch

1. Verzicht gemäß § 110 oder
2. Widerruf der öffentlichen Bestellung gemäß § 111 oder
3. Widerruf der Anerkennung gemäß § 112 oder
4. Tod oder
5. Auflösung der Gesellschaft.

Verzicht

§ 110. (1) Berufsberechtigte sind berechtigt, auf ihre Berechtigung zur selbstständigen Ausübung ihres Wirtschaftstreuhandberufes zu verzichten.

(2) Der Verzicht auf die Berechtigung zur selbständigen Ausübung eines Wirtschaftstreuhandberufes ist der Kammer der Wirtschaftstreuhänder schriftlich zu erklären.

(3) Der Verzicht wird mit dem Datum wirksam, welches der Berufsberechtigte bestimmt hat, frühestens jedoch mit jenem Tag, an dem die Verzichtserklärung der Kammer der Wirtschaftstreuhänder zugekommen ist.

Widerruf der öffentlichen Bestellung

§ 111. (1) Die Kammer der Wirtschaftstreuhänder hat eine durch öffentliche Bestellung erteilte Berechtigung zur selbständigen Ausübung eines Wirtschaftstreuhandberufes zu widerrufen, wenn

1. eine der allgemeinen Voraussetzungen für die öffentliche Bestellung nicht mehr gegeben ist oder

2. die Einholung der Genehmigung gemäß § 82 Abs. 4 unterlassen wurde.

(2) Über den Widerruf der Bestellung ist ein schriftlicher Bescheid zu erlassen. In dem Bescheid, mit dem die öffentliche Bestellung widerrufen wird, ist gleichzeitig die Ausübung der Berufsbefugnis vorläufig gemäß § 106 zu untersagen. Einer Beschwerde gegen die vorläufige Untersagung der Ausübung der Berufsbefugnis kommt abweichend von § 13 Abs. 1 VwGVG keine aufschiebende Wirkung zu.

(3) Vom Widerruf der öffentlichen Bestellung ist in den Fällen des § 9 Z 1 lit. d abzusehen, wenn eine ordnungsgemäße Berufsausübung nicht gefährdet ist und die Folgen des Vergehens unbedeutend sind.

Widerruf der Anerkennung

§ 112. (1) Die Kammer der Wirtschaftstreuhänder hat eine durch Anerkennung erteilte Berechtigung zur Ausübung eines Wirtschaftstreuhandberufes zu widerrufen, wenn eine der Anerkennungsvoraussetzungen nicht mehr gegeben ist.

(2) Vor Widerruf einer Anerkennung hat die Kammer der Wirtschaftstreuhänder die Gesellschaft aufzufordern, einen den Widerruf begründenden Umstand innerhalb folgender Fristen zu beseitigen:

1. in den Fällen des § 51 Abs. 1 Z 6 und des § 59 Abs. 1 Z 6 unverzüglich,

2. in den Fällen des § 51 Z 3 und Z 8 und des § 59 Abs. 1 Z 4 und Abs. 2 Z 1 lit. b, Z 2 lit. b und Z 3 lit. b innerhalb einer Frist von einem Monat und

3. in allen anderen Fällen innerhalb einer Frist von 6 Monaten.

(3) Über den Widerruf ist ein schriftlicher Bescheid zu erlassen. In dem Bescheid, mit dem die Anerkennung widerrufen wird, ist gleichzeitig die Ausübung der Berufsbefugnis vorläufig zu untersagen. Einer Beschwerde gegen die vorläufige Untersagung der Ausübung der Berufsbefugnis kommt abweichend von § 13 Abs. 1 VwGVG keine aufschiebende Wirkung zu.

Streichung – Veröffentlichung

§ 113. Auf Grund des Erlöschens der Berechtigung hat die Streichung aus dem Verzeichnis gemäß § 173 zu erfolgen.

3. Abschnitt

Verwertung

Fortführungsrecht

§ 114. Zur Fortführung der Kanzlei eines verstorbenen Berufsberechtigten sind berechtigt:

1. der überlebende Ehegatte gemäß § 115 oder der überlebende eingetragene Partner gemäß § 116 oder
2. die Kinder des verstorbenen Berufsberechtigten gemäß § 117 oder
3. der überlebende Ehegatte oder der überlebende eingetragene Partner gemeinsam mit den Kindern des verstorbenen Berufsberechtigten gemäß § 118.

Ehegatten

§ 115. (1) Voraussetzungen für das Fortführungsrecht des überlebenden Ehegatten sind:

1. der Übergang der Kanzlei in das ausschließliche Eigentum des überlebenden Ehegatten auf Grund einer Rechtsnachfolge von Todes wegen oder einer Schenkung auf den Todesfall und
2. die Nominierung eines Kanzleikurators durch den überlebenden Ehegatten oder die Bestellung eines Kanzleikurators durch die Kammer der Wirtschaftstreuhänder.

(2) Der Kanzleikurator muss zur selbständigen Ausübung des betreffenden Wirtschaftstreuhandberufes berechtigt sein.

(3) Eine Kanzlei darf nur im Namen und auf Rechnung des überlebenden Ehegatten weitergeführt werden.

(4) Das Fortführungsrecht des überlebenden Ehegatten endet

1. mit dem Ablauf von fünf Jahren ab Einantwortung oder
2. mit der Verwertung der Wirtschaftstreuhandkanzlei.

Eingetragene Partner

§ 116. Der überlebende eingetragene Partner ist unter sinngemäßer Anwendung der in § 115 normierten

Voraussetzungen und Bedingungen zur Fortführung der Kanzlei des verstorbenen eingetragenen Partners berechtigt.

Kinder

§ 117. (1) Voraussetzungen für das Fortführungsrecht der Kinder sind:

1. der Übergang der Kanzlei in das ausschließliche Eigentum von Kindern im Sinne des § 56 Abs. 2 des verstorbenen Berufsberechtigten auf Grund einer Rechtsnachfolge von Todes wegen oder einer Schenkung auf den Todesfall und

2. die Nominierung eines Kanzleikurators durch die Kinder oder deren gesetzliche Vertreter gemeinsam oder die Bestellung eines Kanzleikurators durch die Kammer der Wirtschaftstreuhänder.

(2) Der Kanzleikurator muss zur selbständigen Ausübung des betreffenden Wirtschaftstreuhandberufes berechtigt sein.

(3) Eine Kanzlei darf nur weitergeführt werden im Namen und auf Rechnung der Kinder oder deren gesetzlicher Vertreter.

(4) Das Fortführungsrecht der Kinder endet

1. mit dem Ablauf von fünf Jahren ab Einantwortung, nicht jedoch vor Vollendung des 30. Lebensjahres oder

2. mit dem Zeitpunkt, zu dem das jüngste Kind das 30. Lebensjahr vollendet hat, oder

3. bei Kindern, die ab ihrem 30. Lebensjahr ununterbrochen als Berufsanwärter oder als Berufsberechtigte tätig waren, mit Beendigung dieser Tätigkeiten, jedenfalls aber mit Vollendung des 35. Lebensjahres, oder

4. mit der Verwertung der Wirtschaftstreuhandkanzlei.

Gemeinsames Fortführungsrecht

§ 118. (1) Voraussetzung für das Fortführungsrecht des Ehegatten oder des eingetragenen Partners gemeinsam mit den Kindern sind:

1. der Übergang der Kanzlei in das ausschließliche Eigentum des überlebenden Ehegatten oder des überlebenden eingetragenen Partners und der Kinder im Sinne des § 56 Abs. 2 des verstorbenen Wirtschaftstreuhänders auf Grund einer

Rechtsnachfolge von Todes wegen oder einer Schenkung auf den Todesfall und

2. die Nominierung eines Kanzleikurators durch den überlebenden Ehegatten oder den überlebenden eingetragenen Partner gemeinsam mit den Kindern des verstorbenen Berufsberechtigten oder deren gesetzlichen Vertreter oder die Bestellung eines Kanzleikurators durch die Kammer der Wirtschaftstreuhänder.

(2) Der Kanzleikurator muss zur selbständigen Ausübung des betreffenden Wirtschaftstreuhandberufes berechtigt sein.

(3) Eine Kanzlei darf nur weitergeführt werden im Namen und auf Rechnung der Fortführungsberechtigten.

(4) Das Fortführungsrecht des überlebenden Ehegatten, des überlebenden eingetragenen Partners und der Kinder des verstorbenen Ehegatten endet entsprechend § 117 Abs. 4.

Antrag auf Genehmigung

§ 119. (1) Fortführungsberechtigte, welche die Fortführung der Kanzlei eines verstorbenen Berufsberechtigten beabsichtigen, haben einen diesbezüglichen Antrag zu stellen. Der Antrag auf Fortführung der Kanzlei ist spätestens vier Wochen nach Einantwortung schriftlich bei der Kammer der Wirtschaftstreuhänder zu stellen.

(2) Dem Antrag auf Fortführung sind anzuschließen:

1. Urkunden über den Vor- und Familiennamen der Fortführungsberechtigten,
2. sämtliche die Fortführungsrechte begründenden Urkunden,
3. sämtliche den nominierten Kanzleikurator betreffenden Urkunden,
4. die mit dem nominierten Kanzleikurator schriftlich getroffenen Vereinbarungen über die Fortführung der Kanzlei und
5. der Nachweis der Vermögensschaden-Haftpflichtversicherung.

(3) Voraussichtlich Fortführungsberechtigte, welche die Fortführung der Kanzlei beabsichtigen, haben unverzüglich, längstens binnen vier Wochen ab Todestag des verstorbenen Berufsberechtigten, gegenüber der Kammer der

Wirtschaftstreuhänder einen Kanzleikurator zu nominieren oder die Bestellung durch die Kammer der Wirtschaftstreuhänder zu beantragen.

(4) Die Kammer der Wirtschaftstreuhänder hat nach Maßgabe des Abs. 3 und der §§ 115, 116, 117 oder 118 einen Kanzleikurator zu bestellen.

(5) Der gemäß Abs. 4 bestellte Kanzleikurator hat

1. die Kanzlei des Vertretenen im größtmöglichen Umfang unter eigener Verantwortung mit dem Hinweis auf seine Funktion als Kanzleikurator und im Namen und auf Rechnung des Nachlasses bzw. der Fortführungsberechtigten zu betreuen,

2. die Weisungen der Kammer der Wirtschaftstreuhänder bei Ausübung seiner Funktion als Kanzleikurator einzuhalten und

3. seine eigenen beruflichen Tätigkeiten von den Tätigkeiten für die verwaltete Kanzlei streng zu trennen und bei Beginn und Beendigung seiner Tätigkeit als Kanzleikurator eine Vermögensaufstellung zu verfassen.

(6) Der gemäß Abs. 4 bestellte Kanzleikurator hat Anspruch auf Entlohnung. Die Höhe der Entlohnung richtet sich

1. nach der Vereinbarung mit dem Nachlassverwalter bzw. den Fortführungsberechtigten oder

2. bei Nichtzustandekommen einer Vereinbarung nach der Festsetzung der Kammer der Wirtschaftstreuhänder nach einem 65% nicht übersteigenden Anteil an der Betriebsleistung der betreuten Kanzlei.

Genehmigung

§ 120. (1) Die Kammer der Wirtschaftstreuhänder hat die Genehmigung zur Fortführung einer Kanzlei zu erteilen, wenn die Voraussetzungen dafür erfüllt sind.

(2) Falls eine Nominierung durch die hierzu Berechtigten nicht erfolgt oder die entsprechenden Urkunden nicht vorgelegt werden, hat die Kammer der Wirtschaftstreuhänder einen Kanzleikurator von Amts wegen zu bestellen.

(3) Bis zur rechtskräftigen Einantwortung wird die Kanzlei vorläufig auf Rechnung der Verlassenschaft geführt und gilt die Genehmigung zur Fortführung vorläufig. Der

Eintritt der Wirksamkeit einer Schenkung auf den Todesfall ist der Einantwortung gleichzuhalten.

(4) Die Fortführung einer Kanzlei ist zu untersagen, wenn die Voraussetzungen dafür nicht oder nicht mehr erfüllt sind.

(5) Über die Genehmigung oder Untersagung der Fortführung einer Kanzlei hat die Kammer der Wirtschaftstreuhänder einen Bescheid zu erlassen.

Endigung des Fortführungsrechts – Kanzleiübernahme

§ 121. (1) Fortführungsberechtigte sind jederzeit berechtigt, von ihrem Verwertungsrecht gemäß § 122 Gebrauch zu machen.

(2) Nach Endigung des Fortführungsrechts ist der zuletzt bestellte Kanzleikurator berechtigt, den vorhandenen Klientenstock entgeltlich zu übernehmen.

(3) Die Höhe des für die Übernahme des Klientenstockes gemäß Abs. 2 zu leistenden Entgelts richtet sich

1. nach den zwischen den Parteien geschlossenen Vereinbarungen oder

2. nach dem von der Kammer der Wirtschaftstreuhänder festzusetzenden Betrag, wenn eine gütliche Einigung zwischen den Parteien nicht zustande kommt.

(4) Bei der Festsetzung des Betrages gemäß Abs. 3 Z 2 sind die wirtschaftliche Leistungsfähigkeit der Kanzlei und die Marktverhältnisse zu berücksichtigen. Der Betrag darf den aus den Umlagenerklärungen ermittelten Durchschnitt der Umsätze der letzten drei Jahre nicht überschreiten.

Verwertung des Klientenstockes

§ 122. Berufsberechtigte und deren Rechtsnachfolger sind berechtigt, den vorhandenen Klientenstock entgeltlich an einen anderen Berufsberechtigten zu übertragen.

Liquidator

§ 123. (1) Die Kammer der Wirtschaftstreuhänder hat im dringenden Bedarfsfall bei Erlöschen einer Berufsberechtigung einen Liquidator zu bestellen und diesem Weisungen für seine Tätigkeit zu erteilen. Hierbei ist auf die möglichste Schonung der Rechte des Berufsberechtigten oder seiner Rechtsnachfolger Bedacht zu nehmen. Der Liquidator hat seine eigene berufliche Tätigkeit von der Tätigkeit für die verwaltete Kanzlei streng zu trennen und sowohl bei Beginn als auch bei Beendigung seiner Tätigkeit eine Vermögensaufstellung zu verfassen.

(2) Der Liquidator hat die laufenden Geschäfte der Kanzlei des Berufsberechtigten, dessen Befugnis erloschen ist, unter eigener Verantwortung und im eigenen Namen, jedoch mit einem auf seine Tätigkeit als Liquidator hinweisenden Beisatz und auf Rechnung des Berufsberechtigten, dessen Befugnis erloschen ist, oder auf Rechnung der Rechtsnachfolger abzuwickeln. Neue Aufträge darf er nicht entgegennehmen. Aufträge, die im Falle der Unterlassung einer Kündigung stillschweigend als fortgesetzt gelten, sind zum nächstmöglichen Termin zu kündigen.

(3) § 82 Abs. 10 gilt sinngemäß.

(4) Bei Wegfall der Voraussetzungen ist der Liquidator unverzüglich abzuberufen.

6. Hauptstück

Verwaltungsübertretungen

Strafbestimmungen

§ 124. (1) Eine mit einer Geldstrafe bis zu 20 000 Euro zu bestrafende Verwaltungsübertretung begeht, wer

1. ohne Berufsberechtigter oder berechtigter Dienstleister gemäß § 6 Abs. 1 und 2 zu sein, einen Wirtschaftstreuhandberuf selbständig ausübt oder eine der in §§ 2 und 3 angeführten Tätigkeiten anbietet, ohne die erforderliche Berechtigung zu besitzen, oder

2. eine Berufsbezeichnung gemäß den § 73 Abs. 1 oder die Bezeichnung gemäß § 73 Abs. 2 unberechtigt verwendet oder

3. die Verpflichtung zur Verschwiegenheit gemäß § 80 Abs. 1 oder Abs. 5, ohne Vorliegen von Gründen gemäß § 80 Abs. 4, verletzt oder

4. der Verpflichtung zur Führung der Berufsbezeichnung gemäß § 6 Abs. 3 zuwiderhandelt oder

5. den Informationspflichten gemäß § 6 Abs. 4 nicht oder nicht vollständig nachkommt.

(2) In Angelegenheiten des Abs. 1 sind die Bezirksverwaltungsbehörden Strafbehörden.

Informationspflichten

§ 125. Der Kammer der Wirtschaftstreuhänder ist von den Bezirksverwaltungsbehörden die Anhängigkeit von Verwaltungsstrafverfahren gemäß § 124 gegen Berufsberechtigte und Berufsanwärter zur Kenntnis zu bringen, in allen anderen Fällen in nicht personenbezogener Form über die Höhe der verhängten Strafen Mitteilung zu machen.

2. Teil

Disziplinarrecht

1. Hauptstück

Allgemeine Bestimmungen – Berufsvergehen

Verantwortlichkeit – Gesellschaften

§ 126. (1) Dem Disziplinarrecht unterliegen die ordentlichen Mitglieder gemäß § 170 Abs. 2 und die außerordentlichen Mitglieder gemäß § 170 Abs. 3.

(2) Für Berufsvergehen von Gesellschaften sind im Disziplinarverfahren deren gesetzliche Vertreter oder geschäftsführende Gesellschafter verantwortlich.

Strafarten

§ 127. (1) Im Disziplinarverfahren sind als Strafen zu verhängen:

1. die Verwarnung oder
2. die Geldbuße oder
3. die vorübergehende Untersagung der selbständigen Berufsausübung.

(2) Berufsvergehen sind, wenn nicht mit einer Verwarnung das Auslangen gefunden wird, mit Geldbußen von 500 Euro bis zu 15 000 Euro zu bestrafen. Hat der Täter einen schweren Schaden verursacht oder ein Berufsvergehen gemäß § 128 Z 30 begangen, so ist eine Geldbuße von 2 000 Euro bis zu 30 000 Euro zu verhängen.

(3) Die Verhängung der vorübergehenden Untersagung der unselbständigen Berufsausübung ist nur zulässig, wenn ein Berufsvergehen gemäß § 128 begangen wurde und der Täter einen schweren Schaden verursacht hat. Die vorübergehende Untersagung kann ausschließlich für den Fall der

Uneinbringlichkeit einer verhängten Geldbuße ersatzweise festgesetzt werden. Die Festsetzung hat zugleich mit der Verhängung der Geldbuße zu erfolgen. Bei Geldbußen unter 20 000 Euro ist die vorübergehende Untersagung mit einem Monat festzusetzen, bei Geldbußen ab 20 000 Euro jedoch unter 25 000 Euro mit zwei Monaten sowie bei Geldbußen von über 25 000 Euro mit drei Monaten.

(4) Die als Geldbußen vereinnahmten Beträge sind Wohlfahrtseinrichtungen für bedürftige Kammermitglieder oder bedürftige Hinterbliebene von Kammermitgliedern oder Zwecken der beruflichen Weiterbildung von Berufsberechtigten und der Heranbildung des beruflichen Nachwuchses zuzuführen.

Berufsvergehen

§ 128. Ein Berufsvergehen begeht, wer

1. eine in den Ausübungsrichtlinien gemäß § 72 normierte Pflicht verletzt oder

2. seiner Verpflichtung zur Verschwiegenheit gemäß § 80, ohne davon entbunden zu sein, zuwiderhandelt oder

3. seiner Verpflichtung gemäß § 76 Abs. 1 nicht nachkommt oder

4. seinen Verpflichtungen gemäß § 77 Abs. 1 oder Abs. 2 oder Abs. 3 oder Abs. 4 oder Abs. 6 oder Abs. 7 oder Abs. 8 oder Abs. 9 oder Abs. 10 oder Abs. 12 oder Abs. 13 nicht nachkommt oder

5. sich im beruflichen Verkehr fälschlich auf eine ihm erteilte Bevollmächtigung oder auf einen ihm erteilten Auftrag beruft oder

6. einen Werkvertrag abschließt, der eine berufliche Zusammenarbeit mit einem Nichtberufsberechtigten vorsieht, um die Bestimmungen des 1. Teiles, 3. Hauptstück, 2. Abschnitt, und der für Gesellschaften normierten besonderen Verpflichtungen zu missachten, oder

7. eine andere selbständige oder unselbständige Tätigkeit ausübt, die auf Provisionsbasis beruht oder seine Unabhängigkeit gefährdet, oder

8. als ein dem Qualitätskontrollsystem unterliegender Berufsberechtigter angeordnete Maßnahmen gemäß § 38 APAG nicht befolgt oder die erteilte Bescheinigung im Falle des Widerrufs gemäß § 40

APAG nicht zurückstellt oder Pflichtprüfungen ohne aufrechter Bescheinigung durchführt oder

9. eine der in den §§ 2 und 3 angeführten Tätigkeiten anbietet oder ausübt, ohne die erforderliche Berufsberechtigung zu besitzen oder

10. nicht über die gesamte Dauer des Bestehens einer Berufsberechtigung über eine aufrechte Vermögensschaden-Haftpflichtversicherung gemäß § 11 verfügt

11. die Verpflichtung zur beruflichen Fortbildung gemäß § 71 Abs. 3 beharrlich verletzt oder

12. eine Zweigstelle errichtet, ohne dass die Voraussetzung des § 74 Abs. 2 erfüllt ist, oder

13. eine Zweigstelle errichtet, ohne dies der Kammer der Wirtschaftstreuhänder unverzüglich zu melden, oder

14. eine Zweigstelle trotz rechtskräftiger Untersagung errichtet oder

15. wirtschaftstreuhänderische Tätigkeiten in einer Zweigstelle trotz rechtskräftiger Untersagung ausübt oder

16. eine andere selbständige oder unselbständige Tätigkeit ausübt, ohne dies der Kammer der Wirtschaftstreuhänder unverzüglich anzuzeigen, oder

17. eine andere selbständige oder unselbständige Tätigkeit trotz rechtskräftiger Untersagung ausübt oder

18. die Bestellung eines Stellvertreters gemäß § 81 Abs. 2 oder § 82 Abs. 2 der Kammer der Wirtschaftstreuhänder nicht oder nicht unverzüglich bekanntgibt oder

19. bei voraussichtlich länger dauernder Verhinderung keinen Stellvertreter bestellt oder

20. seine Pflichten als Kanzleikurator verletzt oder

21. entgegen der Bestimmung des § 82 Abs. 9 einen Wirtschaftstreuhandberuf ausübt oder

22. die Verpflichtung gemäß § 83 Abs. 2 verletzt oder

23. Aufträge unter Provisionsvorbehalt annimmt oder unter Provisionsvorbehalt weitergibt oder Provisionen gewährt oder

24. den Eintritt oder die Beendigung des Ruhens seiner Berufsberechtigung der Kammer der

Wirtschaftstreuhänder nicht oder nicht unverzüglich anzeigt oder

25. trotz Anzeige des Ruhens seiner Berufsberechtigung seinen Wirtschaftstreuhandberuf selbständig ausübt oder

26. einen Wirtschaftstreuhandberuf entgegen der Bestimmung des § 85 Abs. 4 ausübt oder

27. eine im 1. Teil, 4. Hauptstück, 2. Abschnitt normierte Pflicht betreffend Maßnahmen zur Verhinderung von Geldwäsche und Terrorismusbekämpfung verletzt oder

28. bei Suspendierung gemäß § 106 seiner Pflicht, einen Stellvertreter zu bestellen, nicht nachkommt oder

29. seine Pflichten als Liquidator verletzt oder

30. bei einer Fachprüfung unerlaubte Hilfsmittel verwendet oder unerlaubte Hilfestellung in Anspruch nimmt oder einem Prüfungskandidaten unerlaubte Hilfsmittel zur Verfügung stellt oder unerlaubte Hilfestellung leistet.

2. Hauptstück

Disziplinarverfahren

Disziplinarrat-Senat

§ 129. Die Bestrafung der in § 128 aufgezählten Berufsvergehen hat durch einen Senat des Disziplinarrates der Kammer der Wirtschaftstreuhänder zu erfolgen.

Disziplinarrat

§ 130. (1) Der Disziplinarrat hat aus einem Vorsitzenden und seinem Stellvertreter mit Sitz bei der Kammer der Wirtschaftstreuhänder, den Senatsvorsitzenden und ihren Stellvertretern, den Beiräten und der erforderlichen Zahl von Ersatzbeiräten zu bestehen. Der Disziplinarrat hat in Senaten, die aus vier Mitgliedern zusammengesetzt sind, zu verhandeln und zu entscheiden. Bei folgenden Landesstellen ist zumindest ein Senat einzurichten:

1. der Landesstelle Wien, zuständig für das Gebiet der Bundesländer Wien, Niederösterreich und Burgenland,

2. der Landesstelle Oberösterreich, zuständig für das Gebiet der Bundesländer Oberösterreich und Salzburg

3. der Landesstelle Steiermark, zuständig für das Gebiet der Bundesländer Steiermark und Kärnten,

4. der Landesstelle Tirol, zuständig für das Gebiet des Bundeslandes Tirol und

5. der Landesstelle Vorarlberg, zuständig für das Gebiet des Bundeslandes Vorarlberg.

(2) Die örtliche Zuständigkeit der Senate richtet sich nach dem Berufssitz, besteht ein solcher im Bundesgebiet nicht, nach dem Hauptwohnsitz des Angezeigten. Besteht weder ein Berufssitz noch ein Hauptwohnsitz in Österreich, so ist der bei der Landesstelle Wien eingerichtete Senat örtlich zuständig.

(3) Sind am Sitz einer Landesstelle mehrere Senate eingerichtet und wäre einer von ihnen für die Durchführung eines Disziplinarverfahrens gemäß Abs. 2 zuständig, dann bestimmt der Zeitpunkt deren Einlangens in abwechselnder Reihenfolge die Zuständigkeit eines dieser Senate zur Behandlung der Angelegenheit.

Bestellung der Mitglieder

§ 131. (1) Die Mitglieder des Disziplinarrates sind vom Vorstand der Kammer der Wirtschaftreuhänder spätestens drei Monate nach dessen Wahl aus dem Kreis der aktiv wahlberechtigten Kammermitglieder zu bestellen. Mit der Bestellung endet die Funktion der bisherigen Mitglieder.

(2) Jedes Kammermitglied ist verpflichtet, seine Bestellung zum Mitglied des Disziplinarrates anzunehmen. Nach Ablauf einer Funktionsperiode kann eine neuerliche Bestellung abgelehnt werden.

(3) Die Mitglieder des Disziplinarrates sind vom Präsidenten der Kammer der Wirtschaftreuhänder anzugeloben. Sie haben ihr Amt unabhängig, frei von jeglichem Auftrag, gewissenhaft und unparteiisch auszuüben und Verschwiegenheit über die ihnen im Disziplinarverfahren bekanntgewordenen Umstände zu wahren.

Bestellungs- und Ausübungshindernisse – Ausschließung – Befangenheit – Widerruf der Bestellung

§ 132. (1) Eine Bestellung von Kammerfunktionären zu Mitgliedern des Disziplinarrates ist unzulässig.

(2) Die Mitgliedschaft ist nur zu einem Senat des Disziplinarrates zulässig.

(3) Mitglieder des Disziplinarrates, gegen die ein Disziplinarverfahren, ein Verfahren zum Widerruf der Bestellung, ein strafrechtliches Verfahren wegen einer der im

§ 9 angeführten strafbaren Handlungen oder ein Suspendierungsverfahren eingeleitet wurde, dürfen bis zu dessen rechtskräftigem Abschluss ihre Funktion nicht ausüben.

(4) Ist das Disziplinarverfahren mit einem verurteilenden Erkenntnis oder das strafgerichtliche Verfahren mit einer Verurteilung rechtskräftig abgeschlossen oder die Suspendierung rechtskräftig verfügt worden oder ist die Berechtigung zur selbständigen Ausübung eines Wirtschaftstreuhandberufes erloschen, so erlischt mit diesem Zeitpunkt die Zugehörigkeit zum Disziplinarrat. Dies gilt auch für den Fall des Ruhens der Berufsbefugnis.

(5) Für die Ausschließung und Ablehnung von Mitgliedern des Disziplinarrates sind darüber hinaus die Vorschriften des 2. Hauptstückes, 4. Abschnitt der Strafprozessordnung 1975, BGBl. Nr. 631, sinngemäß anzuwenden.

Zurücklegung der Funktion

§ 133. Die Funktion als Mitglied des Disziplinarrates kann nur aus wichtigen Gründen zurückgelegt werden. Über die Zulässigkeit der Zurücklegung entscheidet der Vorstand der Kammer der Wirtschaftstreuhänder mit Beschluss. Gegen diesen Beschluss ist ein Rechtsmittel nicht zulässig.

Nachbestellung von Mitgliedern

§ 134. Bei Ausscheiden eines Mitgliedes des Disziplinarrates im Laufe der Funktionsperiode hat der Vorstand der Kammer der Wirtschaftstreuhänder umgehend eine Nachbesetzung der betreffenden Funktion vorzunehmen.

Ersatz der Barauslagen

§ 135. Die Mitglieder der Kammer der Wirtschaftstreuhänder, welche im Disziplinarverfahren Funktionen oder Ämter ausüben oder dem Untersuchungskommissär zur Unterstützung beigegeben sind, haben Anspruch auf Ersatz der ihnen dabei entstandenen notwendigen Barauslagen.

Geschäftsführung – Aufsicht

§ 136. (1) Die Vorsitzenden des Disziplinarrates haben die zur ordnungsgemäßen Geschäftsführung erforderlichen Verfügungen zu treffen und den Disziplinarrat nach außen zu vertreten. Sie sind dem Vorstand der Kammer der

Wirtschaftstreuhänder für die Geschäftsführung verantwortlich.

(2) Das Kammeramt hat die Kanzleigeschäfte des Disziplinarrates zu führen.

Kammeranwalt – Aufgaben

§ 137. (1) Der Vorstand der Kammer der Wirtschaftstreuhänder hat spätestens drei Monate nach seiner Wahl einen rechtskundigen Kammeranwalt und einen Stellvertreter zu bestellen. Mit der Bestellung endet das Amt des bisherigen Kammeranwalts und seines Stellvertreters.

(2) Gehört der Kammeranwalt oder sein Stellvertreter dem Kreis der Kammermitglieder an, dann gelten für sie die Bestimmungen der §§ 131 Abs. 2, 132 Abs. 3, 4 und 5 und 133.

(3) Bei Ausscheiden des Kammeranwalts oder seines Vertreters im Laufe der Amtsperiode hat der Vorstand der Kammer der Wirtschaftstreuhänder umgehend eine Nachbesetzung des betreffenden Amtes vorzunehmen.

(4) Dem Kammeranwalt und seinem Stellvertreter ist, wenn sie nicht Mitglieder oder Angestellte der Kammer der Wirtschaftstreuhänder sind, eine im Einzelfall vom Vorstand zu bestimmende angemessene Abgeltung zuzuerkennen.

(5) Der Kammeranwalt hat die Anzeigen über Berufsvergehen, wenn keine Zurücklegung gemäß § 138 Abs. 1 erfolgt, an den zuständigen Senat zu erstatten oder weiterzuleiten und sie im Disziplinarverfahren als Partei zu vertreten.

(6) Der Kammeranwalt ist berechtigt, gegen Erkenntnisse des Senats des Disziplinarrates das Rechtsmittel der Beschwerde zu erheben.

Anzeige und Verteidigung

§ 138. (1) Findet der Kammeranwalt nach Prüfung einer Anzeige über Berufsvergehen keine Gründe für die Weiterverfolgung, ist er, unbeschadet der Möglichkeit der vorherigen Sachverhaltserhebung gemäß Abs. 2, berechtigt, die Anzeige ohne weiteres Verfahren mit kurzer Aufzeichnung der ihn dazu bestimmenden Erwägungen zurückzulegen. Legt der Kammeranwalt eine Anzeige zurück, so hat er die des Berufsvergehens angezeigten Berufsberechtigten, die bereits vernommen worden sind, und den Anzeiger hiervon zu verständigen.

(2) Legt der Kammeranwalt eine Anzeige über Berufsvergehen nicht sofort ohne weiteres Verfahren zurück, hat er dem Angezeigten die Anzeige unverzüglich zur Kenntnis zu bringen und ihm Gelegenheit zu geben, dazu binnen zwei Wochen Stellung zu nehmen. Der Kammeranwalt ist berechtigt, unterdessen Vorerhebungen zur Klärung des Sachverhaltes selbst durchzuführen oder durch das Kammeramt durchführen zu lassen.

(3) Der Angezeigte ist berechtigt, sich eines Verteidigers zu bedienen. Als Verteidiger sind ordentliche Kammermitglieder und Verteidiger gemäß § 48 Abs. 1 Z 5 StPO zugelassen.

(4) Dem Vorsitzenden des Disziplinarrates steht das Recht zu, bei Geringfügigkeit des Berufsvergehens Ordnungsstrafen bis zum Betrag von 1 500 Euro zu verhängen. Gegen Ordnungsstrafen steht der binnen zwei Wochen nach Zustellung des Bescheides beim Disziplinarrat einzubringende Einspruch offen. Dieser hat die Wirkung, dass die erlassene Strafverfügung außer Kraft gesetzt und das ordentliche Verfahren eingeleitet wird.

Einleitung des Disziplinarverfahrens

§ 139. (1) Der Kammeranwalt hat, wenn keine Zurücklegung gemäß § 138 Abs. 1 erfolgt, die Anzeige, verbunden mit einem Antrag auf Einleitung des Disziplinarverfahrens, an den zuständigen Senat zu erstatten oder weiterzuleiten, wenn die Anzeige in Ansehung der Stellungnahme des Angezeigten und des Ergebnisses von Vorerhebungen nicht zurückzulegen ist. Die Befassung des Disziplinarrates hat der Kammeranwalt dem Angezeigten ehestens zur Kenntnis zu bringen und ihm unter Angabe der Mitglieder des zuständigen Senates Gelegenheit zu geben, binnen zwei Wochen eine Gegenäußerung abzugeben und einen Gegenantrag zu stellen. Von der Zurücklegung der Anzeige hat der Kammeranwalt den Angezeigten umgehend zu verständigen.

(2) Der zuständige Senat hat nach Ablauf der dem Angezeigten eingeräumten Frist unverzüglich ohne mündliche Verhandlung darüber zu beschließen, ob ein Disziplinarverfahren einzuleiten ist. Der Einleitungsbeschluss

hat erforderlichenfalls die Bestellung eines Untersuchungskommissärs zu enthalten.

(3) Der Einleitungsbeschluss ist dem Angezeigten unverzüglich zur Kenntnis zu bringen. Dem Angezeigten steht das Recht zu, den bestellten Untersuchungskommissär wegen Befangenheit im Sinne des § 132 Abs. 5 abzulehnen.

(4) Der Beschluss des zuständigen Senates, ein Disziplinarverfahren nicht einzuleiten, ist dem Angezeigten ehestens mitzuteilen.

Untersuchungskommissär – Aufgaben

§ 140. (1) Der Untersuchungskommissär ist einer Liste von ordentlichen Kammermitgliedern zu entnehmen, die vom Vorstand der Kammer der Wirtschaftstreuhänder spätestens drei Monate nach dessen Wahl zu erstellen ist. Mit der Erstellung der Liste sind die bisher als Untersuchungskommissäre vorgesehenen Personen ihrer Verpflichtung zur Annahme dieses Amtes entbunden.

(2) Für die als Untersuchungskommissäre vorgesehenen Personen gilt die Bestimmung des § 131 Abs. 3. Zum Untersuchungskommissär dürfen vom Senat nur Personen bestellt werden, gegen die keine Ausübungshindernisse oder Ausschließungs- oder Befangenheitsgründe gemäß § 132 Abs. 3 bis 5 vorliegen.

(3) Zur Entlastung eines Untersuchungskommissärs hat der Vorstand diesem auf dessen Antrag für die Durchführung seiner Aufgaben eine rechtskundige Person beizugeben. Für diese Unterstützung ist diesen Personen, wenn sie nicht Mitglieder oder Angestellte der Kammer der Wirtschaftstreuhänder sind, eine im Einzelfall vom Vorstand zu bestimmende angemessene Abgeltung zuzuerkennen.

(4) Der Untersuchungskommissär hat alle zur Feststellung des maßgeblichen Sachverhalts erforderlichen Ermittlungen durchzuführen.

Untersuchung

§ 141. (1) Ist nach Einleitung des Verfahrens die Durchführung von Erhebungen erforderlich, so hat der Untersuchungskommissär Zeugen und Sachverständige zu vernehmen, alle der Aufklärung der Angelegenheit dienlichen Umstände zu erforschen und Beweismittel heranzuziehen. Er hat dem Angezeigten Gelegenheit zu geben, sich zu allen Anschuldigungspunkten zu äußern. Der Angezeigte ist berechtigt, Anträge auf ergänzende Ermittlung des Sachverhalts zu stellen. Die Erhebungen sind auch dann durchzuführen, wenn der Angezeigte seine Mitwirkung verweigert.

(2) Der Kammeranwalt ist berechtigt, eine Ergänzung der Untersuchung, insbesondere auch unter Einbeziehung neuer Anschuldigungspunkte, zu beantragen.

(3) Hat der Untersuchungskommissär Bedenken, einem Ergänzungsantrag des Angezeigten oder des Kammeranwalts stattzugeben, so hat er dazu einen Beschluss des zuständigen Senates einzuholen. Dieser Beschluss ist ohne mündliche Verhandlung zu fassen.

(4) Während der Dauer der Untersuchung hat der Untersuchungskommissär dem Angezeigten und seinem Verteidiger Einsicht in die Akten zu gewähren. Er hat Aktenstücke auszunehmen, deren Mitteilung mit dem Zweck des Verfahrens unvereinbar wäre. Der Kammeranwalt ist jederzeit befugt, vom Stand der anhängigen Untersuchung durch Akteneinsicht Kenntnis zu nehmen.

(5) Dauert eine Untersuchung bereits zumindest 6 Monate an, kann der Angezeigte beantragen, dass die Untersuchung innerhalb einer drei Monate nicht übersteigenden Frist zu beenden ist. Der Senat hat nach Anhörung des Kammeranwalts und des Untersuchungskommissärs ohne mündliche Verhandlung zu beschließen, ob dem Antrag stattgegeben wird. Der Beschluss hat im Falle der Stattgebung den Ausspruch zu enthalten, binnen welcher Frist die Untersuchung abzuschließen ist.

Abschluss der Untersuchung

§ 142. (1) Die Akten über die abgeschlossene Untersuchung sind dem Kammeranwalt zu übermitteln und von ihm mit dem Antrag auf Verweisung zur mündlichen Verhandlung oder mit dem Antrag auf Einstellung des Verfahrens dem zuständigen Senat vorzulegen.

(2) Der Senat hat ohne mündliche Verhandlung zu beschließen, ob die Sache zur mündlichen Verhandlung zu verweisen oder ob das Verfahren einzustellen ist. Der Einstellungsbeschluss ist dem Kammeranwalt und dem Angezeigten ehestens zuzustellen.

(3) Im Verweisungsbeschluss müssen die Anschuldigungspunkte bestimmt angeführt sein und die

Verfügungen bezeichnet werden, die zur Vorbereitung der mündlichen Verhandlung zu treffen sind.

(4) Nach Zustellung des Verweisungsbeschlusses ist dem Angezeigten und seinem Verteidiger Einsicht in die Akten zu gewähren. Die genannten Personen sind berechtigt, Abschriften auf eigene Kosten herzustellen. Von der Akteneinsicht ausgenommen sind Beratungs- und Abstimmungsprotokolle, Erledigungsentwürfe und sonstige Schriftstücke, bei denen eine Einsichtnahme eine Schädigung berechtigter Interessen dritter Personen herbeiführen könnte.

Mündliche Verhandlung

§ 143. (1) Ort und Zeitpunkt der mündlichen Verhandlung sind vom Vorsitzenden des zuständigen Senates zu bestimmen. Zur mündlichen Verhandlung sind der Angezeigte und sein Verteidiger unter Hinweis auf den Verweisungsbeschluss und Bekanntgabe der Mitglieder des Senates mindestens zwei Wochen vorher zu laden.

(2) Die Verhandlung ist öffentlich.

(3) Beratungen und Abstimmungen während und am Schluss der Verhandlung sind geheim.

(4) Die Verhandlung beginnt mit der Verlesung des Verweisungsbeschlusses. Hierauf hat die Vernehmung des Angezeigten und der vorgeladenen Zeugen und Sachverständigen und, soweit dem Verfahren dienlich, die Verlesung der während der Untersuchung aufgenommenen Protokolle und sonstiger Urkunden zu erfolgen.

(5) Der Angezeigte, dessen Verteidiger und der Kammeranwalt haben das Recht, sich zu den einzelnen vorgebrachten Beweismitteln zu äußern und Fragen an die Zeugen und Sachverständigen zu stellen. Der Angezeigte hat unbeschadet des Ablehnungsrechts wegen Befangenheit gemäß § 132 Abs. 5 das Recht, innerhalb einer Woche nach Zustellung der Ladung ohne Angabe von Gründen zwei Mitglieder des Senats durch Ablehnung von der Teilnahme an der Verhandlung auszuschließen. Dieses Recht kann nur anlässlich der ersten Ladung sowie bei geänderter Senatszusammensetzung hinsichtlich neuer Senatsmitglieder geltend gemacht werden.

(6) Nach Schluss des Beweisverfahrens sind der Kammeranwalt, der Angezeigte und dessen Verteidiger zu hören. Dem Angezeigten steht das letzte Wort zu.

Beschlussfassung – Erkenntnis

§ 144. (1) Der Senat des Disziplinarrates hat mit Stimmenmehrheit sein Erkenntnis zu fällen und seine sonstigen Beschlüsse zu fassen. Der Vorsitzende des Senates gibt seine Stimme zuletzt ab. Stimmenthaltungen sind unzulässig. Im Falle der Stimmengleichheit entscheidet die Stimme des Vorsitzenden.

(2) Der Senat hat seine Entscheidung ausschließlich auf der Grundlage des Vorbringens in der mündlichen Verhandlung zu treffen. Die Entscheidung hat sich auf die freie, aus der gewissenhaften Prüfung aller vorgebrachten Beweise gewonnene Überzeugung der Senatsmitglieder zu gründen.

(3) Mit dem Erkenntnis ist der Angezeigte entweder freizusprechen oder des ihm zur Last gelegten Berufsvergehens schuldig zu erkennen.

Protokoll

§ 145. (1) Über die mündliche Verhandlung ist ein Protokoll zu führen, welches die Namen der Mitglieder des erkennenden Senates, des Schriftführers, des Kammeranwalts, des Beschuldigten, seines Verteidigers und der Kammermitglieder seines Vertrauens sowie den wesentlichen Verlauf der Verhandlung zu enthalten hat.

(2) Über die Beratung und Abstimmung ist ein gesondertes Protokoll zu führen.

(3) Die Protokolle sind vom Senatsvorsitzenden und vom Protokollführer zu unterzeichnen.

Verkündung und Zustellung des Erkenntnisses

§ 146. (1) Das Erkenntnis ist samt seinen wesentlichen Gründen vom Senatsvorsitzenden sogleich zu verkünden.

(2) Je eine Ausfertigung des Erkenntnisses samt allen Entscheidungsgründen ist dem Angezeigten und dem Kammeranwalt ehestens zuzustellen.

Zustellung

§ 147. (1) Für die Zustellung von Schriftstücken im Disziplinarverfahren gelten die Bestimmungen des Zustellgesetzes, BGBl. Nr. 200/1982.

(2) Zustellungen an den Angezeigten haben zu dessen eigenen Handen zu erfolgen. Bedient sich der Angezeigte

eines Verteidigers, so ist diesem zu eigenen Handen zuzustellen.

Verfahrenskosten

§ 148. Die Kosten des Verfahrens sind im Falle eines Schuldspruches vom Angezeigten, in allen anderen Fällen von der Kammer zu tragen. Sie sind in sinngemäßer Anwendung des XXII. Hauptstückes der Strafprozessordnung 1975, BGBl. Nr. 631, zu bemessen.

Vollstreckung der Erkenntnisse

§ 149. Für die Vollstreckung der Erkenntnisse hat der Vorstand der Kammer der Wirtschaftstreuhänder gemäß den Bestimmungen des ersten und dritten Teiles dieses Gesetzes zu sorgen.

Anwendung anderer Vorschriften

§ 150. Im Disziplinarverfahren sind auf die nach den Vorschriften dieses Teiles zu ahndenden Berufsvergehen, soweit im 2. Hauptstück nicht anderes bestimmt ist, anzuwenden:

1. der II. Teil, 2. Abschnitt, und die §§ 19, 32, 33, 38 und 69 bis 72 AVG und
2. die §§ 1 bis 8, 14, 19, 22, 31, 34, 38, 45, 52, 55 und 66 Abs. 1 des Verwaltungsstrafgesetzes 1991 (VStG), BGBl. Nr. 52, und
3. § 44a VStG in Verbindung mit den §§ 60 und 61 AVG.

3. Teil
Berufliche Vertretung – Kammer der Wirtschaftstreuhänder

1. Hauptstück

Allgemeines

1. Abschnitt

Einrichtung – Aufgaben – Organe

Zweck

§ 151. (1) Zur Vertretung der gemeinsamen Interessen ihrer Mitglieder ist die Kammer der Wirtschaftstreuhänder errichtet.

(2) Die Kammer der Wirtschaftstreuhänder ist eine Körperschaft des öffentlichen Rechts und hat ihren Sitz in Wien.

(3) Die Kammer der Wirtschaftstreuhänder ist berechtigt, das Bundeswappen zu führen.

(4) Die Kammer der Wirtschaftstreuhänder ist berechtigt, die Bezeichnung „Kammer der Steuerberater und Wirtschaftsprüfer (KSW)" zu führen. Sie ist berechtigt, in dieser Bezeichnung und in der Bezeichnung gemäß Abs. 1 die Bezeichnung der Berufsgruppen in der weiblichen oder in einer alle Geschlechtsidentitäten umfassenden Form zu verwenden.

Aufgaben

§ 152. (1) Die Kammer der Wirtschaftstreuhänder hat ihre Aufgaben entweder im eigenen oder im übertragenen Wirkungsbereich zu besorgen.

(2) In den eigenen Wirkungsbereich der Kammer der Wirtschaftstreuhänder fallen insbesondere folgende Aufgaben:

1. die Vertretung und Förderung von Interessen, Rechten und Angelegenheiten der Gesamtheit ihrer Mitglieder, dazu zählen auch die Vertretung im Rahmen von Verhandlungen von Kollektivverträgen und deren Abschluss auf Arbeitgeberseite,

2. die Förderung der beruflichen Weiterbildung ihrer Mitglieder und der entsprechenden Heranbildung des beruflichen Nachwuchses, wobei die Kammer der Wirtschaftstreuhänder zur Gründung und zum Betrieb von diesem Zweck gewidmeten Einrichtungen und Unternehmungen berechtigt ist,

3. die Führung der Listen ihrer Mitglieder,

4. die Aufsicht über ihre Mitglieder betreffend die Einhaltung berufsrechtlicher Vorschriften,

5. die Errichtung, der Betrieb und die Förderung gemeinsamer wirtschaftlicher Einrichtungen, die der Wohlfahrt, der Unterstützung und der Altersvorsorge der Mitglieder und deren Hinterbliebenen dienen,

6. die Anregung rechtlicher Maßnahmen und die Erstattung von Gutachten zu Gesetzes- und Verordnungsentwürfen, sofern Interessen berührt

werden, deren Vertretung der Kammer der Wirtschaftstreuhänder zukommt,

7. die Einbringung von Verbesserungsvorschlägen betreffend jene Bereiche der Vollziehung, mit denen ihre Mitglieder verkehren, sofern Interessen berührt werden, deren Vertretung der Kammer der Wirtschaftstreuhänder zukommt,

8. die Erstattung von Berichten, Gutachten und Anträgen, die Erteilung von Auskünften und die Ausstellung von Bescheinigungen, sofern Interessen berührt werden, deren Vertretung der Kammer der Wirtschaftstreuhänder zukommt,

9. die Entsendung von Vertretern in andere Körperschaften und Einrichtungen und die Erstattung von Besetzungsvorschlägen, sofern dies besondere Gesetze oder Vorschriften vorsehen,

10. die Bestellung von Wirtschaftstreuhändern als Verfahrenshelfer in gerichtlichen Abgabenverfahren vor den Verwaltungsgerichten sowie die Bestellung von Wirtschaftstreuhändern als Verteidiger vor der Finanzstrafbehörde und

11. der Abschluss und die Aufrechterhaltung einer Vermögensschaden-Haftpflichtversicherung zugunsten der Mitglieder für Schäden, deren Höhe die Vermögensschaden-Haftpflichtversicherung gemäß § 11 Abs. 3 übersteigt (Excedentenversicherung), sofern dies im Interesse der Gesamtheit ihrer Mitglieder sinnvoll erscheint.

(3) In den übertragenen Wirkungsbereich der Kammer der Wirtschaftstreuhänder fallen insbesondere folgende Aufgaben:

1. die öffentliche Bestellung und Anerkennung,

2. die Durchführung von Zulassungsverfahren zu Fachprüfungen,

3. die Durchführung von Fachprüfungen und Eignungstests,

4. die Durchführung von Verfahren zur Feststellung der Eigenschaft als Berufsanwärter,

5. die Durchführung von Verfahren, mit denen die Ausübung anderer selbständiger oder unselbständiger Tätigkeiten untersagt wird,

6. die Durchführung von Suspendierungsverfahren,

7. die Durchführung von Widerrufs- und Entziehungsverfahren und

8. die Durchführung von Verfahren zur Genehmigung der Fortführung einer Kanzlei.

(4) Der Präsident der Kammer der Wirtschaftstreuhänder ist bei der Besorgung von Aufgaben, die in den übertragenen Wirkungsbereich der Kammer der Wirtschaftstreuhänder gemäß Abs. 3 fallen, an die Weisungen des Bundesministers für Arbeit und Wirtschaft gebunden.

Organe

§ 153. (1) Organe der Kammer der Wirtschaftstreuhänder sind:

1. der Präsident,

2. die Vizepräsidenten,

3. das Präsidium,

4. der Vorstand und

5. der Kammertag.

(2) Weibliche Kammerfunktionäre oder Angestellte der Kammer der Wirtschaftstreuhänder sind berechtigt, Funktionsbezeichnungen in weiblicher Form zu führen.

Präsident

§ 154. (1) Der Präsident ist der gesetzliche Vertreter der Kammer der Wirtschaftstreuhänder.

(2) Der Präsident hat insbesondere folgende Aufgaben wahrzunehmen:

1. die Besorgung der laufenden Geschäfte, insbesondere jene Aufgaben, die in den übertragenen Wirkungsbereich der Kammer der Wirtschaftstreuhänder gemäß § 152 Abs. 3 fallen,

2. die Leitung und Überwachung der gesamten Geschäftsführung der Kammer der Wirtschaftstreuhänder,

3. die Einberufung zu den Sitzungen der Kammerorgane und deren Vorsitzführung und

4. die Entscheidung in besonders dringlichen Fällen, in denen das Präsidium keinen Beschluss fassen kann.

(3) Entscheidungen gemäß Abs. 2 Z 4 sind dem Präsidium nachträglich zur Kenntnis zu bringen.

(4) Der Präsident hat bei Amtsantritt im Vorhinein festzulegen, in welcher Reihenfolge ihn die einzelnen Vizepräsidenten für den Fall seiner Verhinderung zu vertreten haben.

Vizepräsidenten

§ 155. (1) Die Vizepräsidenten haben den Präsidenten bei der Wahrnehmung seiner Aufgaben zu unterstützen.

(2) Den einzelnen Vizepräsidenten können bestimmte Aufgabengebiete zur ständigen Wahrnehmung mit der Wirkung übertragen werden, dass sie diesbezüglich denselben Vorschriften wie der Präsident unterliegen.

(3) Eine Übertragung bestimmter Aufgabengebiete zur ständigen Wahrnehmung an die einzelnen Vizepräsidenten hat durch Beschluss des Vorstandes zu erfolgen. Dieser Beschluss ist dem Bundesminister für Arbeit und Wirtschaft zur Kenntnis zu bringen.

Präsidium

§ 156. (1) Das Präsidium besteht aus:

1. dem Präsidenten und

2. den Vizepräsidenten.

(2) Das Präsidium hat insbesondere folgende Aufgaben wahrzunehmen:

1. die Vollziehung der Beschlüsse der Kammerorgane,

2. Sorge dafür zu tragen, dass die Geschäftsordnung eingehalten wird,

3. Sorge dafür zu tragen, dass die Kammerorgane die gesetzlichen Vorschriften, insbesondere jene, die den Wirkungskreis der Kammer der Wirtschaftsreuhänder betreffen, einhalten und

4. die Entscheidung in besonders dringlichen Fällen, in denen der Vorstand keinen Beschluss fassen kann.

(3) Entscheidungen gemäß Abs. 2 Z 4 sind dem Vorstand nachträglich zur Kenntnis zu bringen.

Vorstand

§ 157. (1) Der Vorstand besteht aus elf durch den Kammertag zu wählenden Mitgliedern.

(2) Dem Vorstand müssen mindestens je vier Vertreter eines jeden Wirtschaftstreuhandberufes sowie mindestens drei

in einem anderen Wahlkreis als dem Wahlkreis Wien aktiv wahlberechtigte Vertreter angehören.

(3) Der Vorstand hat insbesondere folgende Aufgaben wahrzunehmen:

1. alle Aufgaben, die weder dem Präsidenten, dem Präsidium, den Rechnungsprüfern noch dem Kammertag oder einem besonderen Ausschuss nach den Bestimmungen dieses Gesetzes oder der Geschäftsordnung vorbehalten sind,

2. die Bewilligung des Abschlusses von Kollektivverträgen für Arbeits- und Lohnverhältnisse der in Wirtschaftstreuhandkanzleien Beschäftigten,

3. die Bestellung der Mitglieder des Disziplinarrates,

4. die Wahl der Mitglieder des Präsidiums,

5. die Bestellung des Kammeranwalts,

6. die Erstellung der Liste der Untersuchungskommissäre und

7. die Entscheidung in besonders dringlichen Fällen, in denen der Kammertag keinen Beschluss fassen kann.

(4) Entscheidungen gemäß Abs. 3 Z 7 sind dem Kammertag nachträglich zur Kenntnis zu bringen.

(5) Der Vorstand ist vom Präsidenten einzuberufen. Der Präsident ist jedenfalls verpflichtet, den Vorstand einzuberufen, wenn dies wenigstens von vier seiner Mitglieder unter Angabe des Beratungsgegenstandes verlangt wird.

(6) Der Vorstand ist beschlussfähig, wenn wenigstens sechs Mitglieder des Vorstandes anwesend sind. Der Vorstand hat seine Beschlüsse mit einfacher Stimmenmehrheit zu fassen. Im Falle der Stimmengleichheit entscheidet die Stimme des Vorsitzenden.

Berufsgruppenobmänner

§ 158. (1) Der Vorstand hat für jede Berufsgruppe einen Obmann und Stellvertreter zu bestellen. Die Berufsgruppenobmänner und ihre Stellvertreter müssen über das passive Wahlrecht gemäß § 219 Abs. 2 verfügen. Die jeweiligen Berufsgruppenobmänner und ihre Stellvertreter müssen der Berufsgruppe angehören, die sie zu vertreten haben.

(2) Die Berufsgruppenobmänner haben insbesondere folgende Aufgaben wahrzunehmen:

1. die Mitwirkung an der Durchführung der Kammerbeschlüsse, welche die Interessen der von ihnen zu vertretenden Berufsgruppe betreffen,

2. die Betreuung der Angehörigen der von ihnen zu vertretenden Berufsgruppe in Berufsangelegenheiten und die Erteilung von Auskünften an sie und

3. die Besorgung von Aufgaben, die ihnen die Geschäftsordnung zuweist.

(3) Die Berufsgruppenobmänner haben ihre Aufgaben nach Möglichkeit im Einvernehmen mit ihren jeweiligen Stellvertretern wahrzunehmen.

(4) Die Berufsgruppenobmänner und ihre Stellvertreter sind hinsichtlich ihrer Tätigkeiten dem Vorstand verantwortlich. Sie sind berechtigt, an den Sitzungen des Vorstandes teilzunehmen und in Angelegenheiten ihrer Berufsgruppe, ausgenommen Angelegenheiten der §§ 175 und 176, vom Präsidium angehört zu werden.

Ausschüsse

§ 159. (1) Der Vorstand ist berechtigt, für die Wahrnehmung einzelner Aufgaben Ausschüsse einzurichten. Diesen Ausschüssen dürfen nur ordentliche Mitglieder der Kammer der Wirtschaftstreuhänder angehören.

(2) Der Vorstand hat zur Vertretung der spezifischen Interessen der Berufsgruppen Berufsgruppenausschüsse einzurichten. Vorsitzende der Berufsgruppenausschüsse sind die jeweiligen Berufsgruppenobmänner.

(3) Der Vorstand hat zur Vertretung der Interessen der Berufsanwärter einen Ausschuss einzurichten. Diesem Ausschuss haben Berufsanwärter anzugehören.

(3a) Der Vorstand hat für die Vorsorgeeinrichtungen gemäß § 180 Abs. 1 und Abs. 2 je einen Ausschuss einzurichten. Die Ausschüsse haben aus vier Mitgliedern zu bestehen. Die Ausschüsse sind beschlussfähig, wenn mindestens drei Mitglieder anwesend sind.

(4) Der Vorstand hat zur Durchführung der Aufsicht gemäß § 101 einen Ausschuss einzurichten. Der Ausschuss hat aus einem Vorsitzenden, einem Stellvertreter sowie drei Mitgliedern und Ersatzmitgliedern zu bestehen. Der Ausschuss ist beschlussfähig, wenn der Vorsitzende oder sein Stellvertreter und mindestens zwei Mitglieder anwesend sind. Voraussetzungen für die Bestellung der Mitglieder dieses

Ausschusses sind eine zumindest fünfjährige Tätigkeit als Wirtschaftstreuhänder und der Nachweis einer einschlägigen Schulung in angemessenem Umfang auf dem Gebiet der Verhinderung der Geldwäsche und der Terrorismusfinanzierung.

(5) Nähere Bestimmungen über die Ausschüsse hat die Geschäftsordnung zu treffen.

Landesstellen

§ 160. (1) Der Vorstand hat für die einzelnen Bundesländer Landesstellen zu errichten.

(2) Die Landesstellen haben insbesondere folgende Aufgaben wahrzunehmen:

1. die Mitwirkung an der Durchführung der Kammerbeschlüsse in dem betreffenden Bundesland,
2. die Erteilung von Auskünften an die Berufsangehörigen in Berufsangelegenheiten,
3. die Bekanntmachung der von den Kammerorganen getroffenen Entscheidungen und Beschlüsse und die Weitergabe von Weisungen und Nachrichten und
4. die Besorgung jener Aufgaben, die ihnen durch die Geschäftsordnung übertragen sind.

(3) Der Vorstand hat für jede Landesstelle einen Landespräsidenten und einen Stellvertreter zu bestellen. Die Bestellung hat unter Rücksichtnahme auf die Ergebnisse der letzten Kammerwahlen nach den Grundsätzen des Verhältniswahlrechts zu erfolgen.

(4) Der Landespräsident einer Landesstelle hat die laufenden Geschäfte der Landesstelle zu besorgen. Der Landespräsident ist dem Vorstand für die ordnungsgemäße Geschäftsführung der Landesstelle verantwortlich.

Kammertag

§ 161. (1) Der Kammertag hat aus 66 Mitgliedern zu bestehen.

(2) Der Kammertag hat insbesondere folgende Aufgaben wahrzunehmen:

1. die Wahl der Vorstandsmitglieder, ihrer Ersatzmitglieder, der Rechnungsprüfer und ihrer Stellvertreter,
2. die Beschlussfassung über den vom Vorstand vorzulegenden Jahresvoranschlag,

3. die Festlegung der Höhe der von den Mitgliedern zu entrichtenden Umlagen und Gebühren für Sonderleistungen,

4. die Entgegennahme des Berichtes der Rechnungsprüfer, die Beschlussfassung über den Jahresabschluss und die Entlastung des Vorstandes oder einzelner Kammerorgane,

5. die Beschlussfassung über Verfügungen, die das Kammervermögen betreffen, soweit sie nicht bereits im genehmigten Jahresvoranschlag vorgesehen sind,

6. die Festsetzung, die Erlassung und die Änderung der Haushaltsordnung, der Umlagenordnung, der Geschäftsordnung, der Ausübungsrichtlinien und der Dienstordnung,

7. die Beschlussfassung über die Satzungen der Vorsorgeeinrichtungen und der Leistungs- und Beitragsordnung und

8. die Festsetzung, die Erlassung und die Änderung der Verordnungen gemäß § 39 und § 187.

(3) Der Kammertag ist vom Präsidenten einzuberufen. Der Präsident ist verpflichtet, den Kammertag mindestens einmal in jedem Geschäftsjahr und überdies, wenn mindestens ein Fünftel der ordentlichen Mitglieder unter Angabe des Beratungsgegenstandes es schriftlich verlangen, einzuberufen. Der Präsident ist berechtigt, den Kammertag auch einzuberufen, wenn er selbst oder der Vorstand es für notwendig erachtet.

(4) Der Kammertag ist mindestens zwei Wochen vor dem festgesetzten Termin unter Bekanntgabe des Ortes, der Zeit und der Beratungsgegenstände der Sitzung schriftlich einzuberufen.

(5) Der Kammertag ist beschlussfähig, wenn mindestens die Hälfte der Mitglieder anwesend ist. Wird diese Anzahl zur festgesetzten Stunde nicht erreicht, so hat eine halbe Stunde später am selben Ort eine Ersatzsitzung stattzufinden, die ohne Rücksicht auf die Zahl der erschienenen Mitglieder beschlussfähig ist, sofern in der Einladung ausdrücklich auf diese Bestimmung hingewiesen wurde.

(6) Der Kammertag hat seine Beschlüsse mit einfacher Mehrheit der abgegebenen gültigen Stimmen zu fassen. Im Fall der Stimmengleichheit entscheidet die Stimme des Vorsitzenden.

(7) Die Sitzungen des Kammertages sind öffentlich. Die Öffentlichkeit kann ausgeschlossen werden, wenn es vom Vorsitzenden oder von der in der Geschäftsordnung festzusetzenden Anzahl der Mitglieder verlangt und vom Kammertag beschlossen wird.

Rechnungsprüfer

§ 162. (1) Der Kammertag hat für jedes Geschäftsjahr, spätestens mit der Beschlussfassung über den Jahresvoranschlag, zwei Rechnungsprüfer und je einen Stellvertreter zu bestellen. Die Rechnungsprüfer und deren Stellvertreter sind aus dem Kreis der ordentlichen Mitglieder zu bestellen. Eine Bestellung von Vorstandsmitgliedern und deren Ersatzmitgliedern ist nicht zulässig.

(2) Die Rechnungsprüfer haben folgende Aufgaben wahrzunehmen:

1. die Prüfung des Jahresabschlusses der Kammer der Wirtschaftstreuhänder und
2. die Berichterstattung über das Ergebnis ihrer Prüfung an den Kammertag.

(3) Die Prüfung des Jahresabschlusses der Kammer der Wirtschaftstreuhänder hat nach den für die Pflichtprüfung von Aktiengesellschaften geltenden Vorschriften zu erfolgen.

Ausübung der Funktion

§ 163. (1) Kammerfunktionäre und Ausschussmitglieder haben ihre Tätigkeiten ohne Bindung an einen Auftrag auszuüben.

(2) Kammerfunktionäre und Ausschussmitglieder sind verpflichtet, an den Sitzungen der jeweiligen Ausschüsse und Organe teilzunehmen und die ihnen zugewiesenen Berichte auszuarbeiten.

(3) Jedes ordentliche Mitglied ist verpflichtet, seine Wahl in eine Funktion oder die Bestellung in einen Ausschuss anzunehmen.

(4) Kammerfunktionäre und Ausschussmitglieder haben Anspruch auf Ersatz der ihnen in Ausübung ihrer Funktion entstandenen Barauslagen.

(5) Kammerfunktionären und Ausschussmitgliedern mit größerer Inanspruchnahme durch ihre Funktion sind Funktionsentschädigungen zu gewähren, wenn die Geschäftsordnung dies vorsieht. Bei Festsetzung der

Funktionsentschädigungen in der Geschäftsordnung ist insbesondere auf das Ausmaß der zur Ausübung der jeweiligen Funktion erforderlichen zeitlichen Inanspruchnahme Bedacht zu nehmen.

Verlust der Funktion

§ 164. (1) Der Bundesminister für Arbeit und Wirtschaft hat Einzelorgane und Mitglieder von Kollektivorganen und Ausschüssen zu suspendieren, wenn

1. gegen sie wegen einer die Ausschließung von der Wählbarkeit begründenden strafbaren Handlung ein Strafverfahren eingeleitet wurde oder

2. über ihr Vermögen ein Insolvenzverfahren eröffnet wurde.

(2) Die Suspendierung ist nach rechtskräftigem Abschluss des Straf- oder Insolvenzverfahrens aufzuheben.

(3) Der Vorstand der Kammer der Wirtschaftstreuhänder kann Mitglieder von Ausschüssen, die ihren Verpflichtungen gemäß § 163 Abs. 2 nicht nachkommen, abberufen.

(4) Der Bundesminister für Arbeit und Wirtschaft hat Einzelorgane und Mitglieder von Kollektivorganen und Ausschüssen abzuberufen, wenn

1. bei ihnen nachträglich Umstände eintreten oder bekannt werden, die ihre Wählbarkeit ausschließen, oder

2. sie sich einer groben Verletzung oder Vernachlässigung ihrer Pflichten schuldig gemacht haben oder

3. andere schwerwiegende Gründe vorliegen und dies der Kammertag verlangt.

(5) Beschlüsse des Vorstandes gemäß Abs. 3 sowie des Kammertages gemäß Abs. 4 Z 3 sind mit einer Mehrheit von zwei Dritteln der Anwesenden zu fassen.

(6) Der Verlust der ordentlichen Mitgliedschaft zur Kammer der Wirtschaftstreuhänder hat gleichzeitig den Verlust aller Funktionen und Mitgliedschaften zu Ausschüssen zur Folge.

Bestellung von Wirtschaftstreuhändern als Verfahrenshelfer

§ 165. (1) Hat ein Verwaltungsgericht die Beigebung eines Wirtschaftstreuhänders zum Verfahrenshelfer in einem gerichtlichen Abgabeverfahren beschlossen oder schließt die Bewilligung der Verfahrenshilfe eine solche Beigebung ein, so hat die Partei Anspruch auf die Bestellung eines Wirtschaftstreuhänders durch die Kammer der Wirtschaftstreuhänder.

(2) Die Bestellung eines Wirtschaftstreuhänders zum Verfahrenshelfer für ein gerichtliches Abgabeverfahren obliegt der Kammer der Wirtschaftstreuhänder. Nähere Bestimmungen dazu hat die Geschäftsordnung zu treffen.

2. Abschnitt
Kammeramt
Einrichtung – Aufgaben

§ 166. (1) Zur Besorgung der Kammergeschäfte und zur Mitwirkung an den der Kammer der Wirtschaftstreuhänder durch besondere Gesetze oder sonstige Vorschriften übertragenen Aufgaben ist ein Kammeramt eingerichtet.

(2) Die Kosten des Kammeramtes sind von der Kammer der Wirtschaftstreuhänder zu tragen.

(3) Das Kammeramt untersteht dem Präsidenten.

Kammeramt – Personal

§ 167. (1) Das Kammeramt ist durch einen Kammerdirektor zu leiten.

(2) Die Auswahl des Kammerdirektors und seines Stellvertreters sowie der Abschluss und die Auflösung ihres Dienstvertrages obliegen dem Vorstand. Der Kammerdirektor, sein Stellvertreter und das für die Besorgung der Kammergeschäfte erforderliche Personal haben die Gewähr dafür zu bieten, dass sie jederzeit rückhaltlos für die unabhängige demokratische Republik Österreich eintreten werden.

Dienstordnung

§ 168. (1) Die Rechte und Pflichten des in der Kammer der Wirtschaftstreuhänder beschäftigten Personals sind in einer Dienstordnung festzusetzen.

(2) In der Dienstordnung sind insbesondere die Ansprüche des in der Kammer der Wirtschaftstreuhänder beschäftigten Personals auf Entgelt und Ruhe- und Versorgungsbezüge zu regeln.

(3) Bezugsberechtigte von Ruhe- und Versorgungsbezügen aus direkten Leistungszusagen haben, soweit ihre Ruhe- und Versorgungsbezüge die Höhe der monatlichen Höchstbeitragsgrundlage gemäß § 108 Abs. 1 und 3 des Allgemeinen Sozialversicherungsgesetzes (ASVG), BGBl. Nr. 189/1955, überschreitet, für jene Anteile, welche den aus dem ASVG stammenden Teil übersteigen, einen Pensionssicherungsbeitrag an die Kammer der Wirtschaftstreuhänder zu leisten, der von der auszahlenden Stelle einzubehalten ist. Dies gilt auch für Sonderzahlungen. Der Pensionssicherungsbeitrag beträgt

1. 5% für jenen Teil des Ruhe- und Versorgungsgenusses, der über 100% der monatlichen Höchstbeitragsgrundlage liegt, aber nicht mehr als 150% der monatlichen Höchstbeitragsgrundlage beträgt,

2. 10% für jenen Teil des Ruhe- und Versorgungsgenusses, der über 150% der monatlichen Höchstbeitragsgrundlage liegt, aber nicht mehr als 200% der monatlichen Höchstbeitragsgrundlage beträgt,

3. 20% für jenen Teil des Ruhe- und Versorgungsgenusses, der über 200% der monatlichen Höchstbeitragsgrundlage liegt, aber nicht mehr als 300% der monatlichen Höchstbeitragsgrundlage beträgt und

4. 25% für jenen Teil des Ruhe- und Versorgungsgenusses, der über 300% der monatlichen Höchstbeitragsgrundlage liegt.

Geschäftsordnung

§ 169. (1) Die Kammer der Wirtschaftstreuhänder hat eine Geschäftsordnung zu erlassen.

(2) Die Geschäftsordnung hat insbesondere zu regeln:

1. die innere Geschäftsführung und den Verkehr mit Personen und Stellen außerhalb der Kammer der Wirtschaftstreuhänder,

2. die Art und Form von Beurkundungen der Kammerbeschlüsse und die Fertigung der Mitteilungen, Eingaben und sonstiger Schriftstücke der Kammer der Wirtschaftstreuhänder und

3. den Ersatz von Barauslagen und die Gewährung und die Höhe von Funktionsentschädigungen der Kammerfunktionäre und der Ausschussmitglieder.

3. Abschnitt
Mitgliedschaft

Ordentliche und außerordentliche Mitglieder

§ 170. (1) Der Kammer der Wirtschaftstreuhänder gehören die ordentlichen und außerordentlichen Mitglieder an.

(2) Ordentliche Mitglieder der Kammer der Wirtschaftstreuhänder sind alle jene, die durch Bestellung oder Anerkennung zur selbständigen Ausübung eines Wirtschaftstreuhandberufes berechtigt sind.

(3) Außerordentliche Mitglieder der Kammer der Wirtschaftstreuhänder sind alle Berufsanwärter.

Beginn und Endigung der Mitgliedschaft

§ 171. (1) Die ordentliche Mitgliedschaft beginnt mit dem Tag der Bestellung oder Anerkennung und endet mit dem Tag des Erlöschens der Berechtigung zur selbständigen Ausübung eines Wirtschaftstreuhandberufes.

(2) Die außerordentliche Mitgliedschaft beginnt mit dem Tag der Eintragung in das Verzeichnis der Berufsanwärter. Sie endet mit dem Tag des Erwerbs der ordentlichen Mitgliedschaft.

Pflichten der Mitglieder

§ 172. Die Mitglieder sind verpflichtet, die kammerrechtlichen Vorschriften einzuhalten und die Beschlüsse der Kammerorgane zu beachten.

Verzeichnis der Mitglieder

§ 173. (1) Die Kammer der Wirtschaftstreuhänder hat zu führen:

1. eine Liste ihrer ordentlichen Mitglieder, geordnet nach Berufsgruppen, und
2. eine Liste ihrer außerordentlichen Mitglieder.

(2) Die Listen gemäß Abs. 1 sind bei der Kammer der Wirtschaftstreuhänder für jedermann zugänglich zur öffentlichen Einsicht aufzulegen und haben zu enthalten:

1. den Namen oder die Firma,

2. den Berufssitz oder den Hauptwohnsitz und

3. die Art der Berufsberechtigung einschließlich eines Hinweises, ob eine Berechtigung zur selbständigen Ausübung besteht.

(3) Alle Mitglieder der Kammer der Wirtschaftstreuhänder sind verpflichtet, die zur Anlage und Führung der Listen gemäß Abs. 1 erforderlichen Unterlagen beizubringen.

Zurückstellung von Urkunden

§ 174. Bestellungsurkunden, Anerkennungsurkunden und sonstige Ausweise, die von der Kammer der Wirtschaftstreuhänder ausgestellt wurden und nicht mehr den Tatsachen entsprechen, sind der Kammer der Wirtschaftstreuhänder unverzüglich zurückzustellen. Auf Verlangen hat die Kammer der Wirtschaftstreuhänder diese Urkunden, versehen mit einem deutlich sichtbaren Ungültigkeitsvermerk, ihrem bisherigen Inhaber wieder auszuhändigen.

4. Abschnitt

Gebarung – Haushalt – Umlagen

Gebarung

§ 175. (1) Die Gebarung der Kammer der Wirtschaftstreuhänder hat nach den Grundsätzen der Zweckmäßigkeit, Wirtschaftlichkeit und Sparsamkeit zu erfolgen.

(2) Umlagen und Gebühren für Sonderleistungen dürfen nur in einer solchen Höhe festgesetzt werden, dass ihr Aufkommen zusammen mit allfälligen sonstigen Einnahmen den in dem genehmigten Jahresvoranschlag festgelegten Aufwand einschließlich der Versicherung gemäß § 152 Abs. 2 Z 11 zuzüglich angemessener Rücklagen deckt. Sie sind unter Bedachtnahme auf die unterschiedliche Leistungsfähigkeit der Mitglieder und unter Wahrung des Grundsatzes der Verhältnismäßigkeit festzusetzen.

(3) Unter angemessenen Rücklagen sind jene Rücklagen zu verstehen, die zum Ausgleich unvorhersehbarer Entwicklungen bei den Einnahmen und Ausgaben und zur Bedeckung bestimmter Vorhaben erforderlich sind.

(4) Als Umlagen können erhoben werden:

1. als einmalige Gebühren Beitrittsgebühren, Zweigstellengebühren und Änderungsgebühren und
2. als jährliche Gebühren Grundgebühren und Umsatzgebühren.

(5) Das Recht, eine fällige Umlage oder Gebühr für eine Sonderleistung einzuheben und zwangsweise einzutreiben, verjährt binnen fünf Jahren nach Ablauf des Kalenderjahres, in dem die Umlage oder die Gebühr für die Sonderleistung fällig geworden ist.

(6) Im Einzelfall kann

1. die Bezahlung der Umlagen gemäß Abs. 4 ganz oder teilweise nachgesehen werden, wenn die Bezahlung nach Lage des Falles unbillig wäre, und
2. die Teilzahlung oder Stundung bewilligt werden, wenn die Bezahlung des Gesamtbetrages oder dessen sofortige Bezahlung nach Lage des Falles unbillig wäre.

(7) Die Mitglieder sind hinsichtlich der Umsatzgebühren verpflichtet, jährlich eine Umlagenerklärung an die Kammer der Wirtschaftstreuhänder zu übermitteln. Die Umlagenerklärung ist der Kammer der Wirtschaftstreuhänder innerhalb eines Monats nach Aufforderung zu übermitteln.

(8) Die Kammer der Wirtschaftstreuhänder ist zur Überprüfung der übermittelten Umlagenerklärungen berechtigt. In diesem Zusammenhang sind die Mitglieder verpflichtet, die für die Überprüfung der Umlagenerklärungen erforderlichen Auskünfte zu erteilen und die erforderlichen Belege vorzulegen. Die Kammer der Wirtschaftstreuhänder ist berechtigt, auf der Grundlage der erteilten Auskünfte und vorgelegten Belege die Umsatzgebühren mit Bescheid festzusetzen.

(9) Kommt ein Mitglied seinen Pflichten gemäß Abs. 8 nicht nach, hat die Kammer der Wirtschaftstreuhänder die Umsatzgebühr des betreffenden Mitgliedes zu schätzen und mit Bescheid vorzuschreiben.

Jahresvoranschlag

§ 176. (1) Die Kammer der Wirtschaftstreuhänder hat für jedes Kalenderjahr einen Jahresvoranschlag über ihre finanziellen Erfordernisse und deren Bedeckung aufzustellen.

(2) Der Jahresvoranschlag ist längstens am 15. November des vorangehenden Jahres dem Bundesminister für Arbeit und Wirtschaft zur Kenntnis zu bringen.

Jahresabschluss

§ 177. (1) Die Kammer der Wirtschaftstreuhänder hat für jedes abgelaufene Kalenderjahr einen Jahresabschluss aufzustellen.

(2) Der Jahresabschluss ist nach Genehmigung durch den Kammertag bis längstens Ende September des folgenden Jahres dem Bundesminister für Arbeit und Wirtschaft zur Kenntnis zu bringen.

Haushaltsordnung – Umlagenordnung

§ 178. (1) Die Kammer der Wirtschaftstreuhänder hat eine Haushaltsordnung und eine Umlagenordnung zu erlassen.

(2) Die Haushaltsordnung hat insbesondere zu regeln:
1. die allgemeinen Grundsätze, das Zustandekommen und die Gliederung des Jahresvoranschlages,
2. die interne Kontrolle,
3. die Verwaltung und Anlage des Vermögens,
4. die Anweisungsbefugnis bei Zahlungen,
5. die Kassen- und Buchführung und die Behandlung der Rechnungsbelege und
6. die öffentliche Einsichtnahme in den Jahresabschluss.

(3) Die Umlagenordnung hat insbesondere die Fälligkeitstermine der Umlagen und der Gebühren für Sonderleistungen zu regeln. Dabei ist Bedacht zu nehmen auf
1. die Eigenart der Umlagen und der Gebühren für Sonderleistungen,
2. den Grundsatz der Selbstbemessung durch die Zahlungspflichtigen,
3. die Zweckmäßigkeit und
4. einen gleichmäßigen Mittelzufluss.

Eintreibung von Forderungen

§ 179. (1) Rückständige Umlagen, Gebühren für Sonderleistungen, sonstige Pflichtbeiträge, Ordnungsstrafen, im Disziplinarverfahren verhängte Geldbußen und auferlegte Verfahrenskosten sind im Verwaltungsweg oder auf gerichtlichem Weg einzutreiben.

(2) Zur Eintreibung ist ein Rückstandsausweis auszufertigen. Der Rückstandsausweis hat zu enthalten:

1. den Namen und die Anschrift des Schuldners,
2. den rückständigen Betrag,
3. die Art des Rückstandes und
4. den Vermerk, dass der Rückstandsausweis einem die Vollstreckbarkeit hemmenden Rechtszug nicht unterliegt.

(3) Der Rückstandsausweis ist ein Exekutionstitel im Sinne des § 1 der Exekutionsordnung, RGBl. Nr. 79/1896.

Vorsorgeeinrichtungen

§ 180. (1) Die Kammer der Wirtschaftstreuhänder kann zur Vorsorge für den Fall der Krankheit ihrer ordentlichen Mitglieder, deren Angehörigen und deren eingetragenen Partnern sowie sonstiger Personen auch Einrichtungen schaffen, welche die Voraussetzungen des § 5 des Gewerblichen Sozialversicherungsgesetzes (GSVG), BGBl. Nr. 560/1978, erfüllen. Diese Einrichtungen können auch in Form einer von der Kammer der Wirtschaftstreuhänder abgeschlossenen vertraglichen Gruppenversicherung bestehen. Die Kammer der Wirtschaftstreuhänder ist berechtigt, derartige Einrichtungen auch für außerordentliche Mitglieder zu schaffen und aufrechtzuerhalten.

(2) Die Kammer der Wirtschaftstreuhänder hat für ihre ordentlichen Mitglieder ergänzend zur gesetzlichen Altersvorsorge Einrichtungen zur Vorsorge für den Fall des Alters und der Berufsunfähigkeit sowie zur Versorgung der Hinterbliebenen zu schaffen und aufrechtzuerhalten. Alle natürlichen Personen, die ordentliche Mitglieder der Kammer der Wirtschaftstreuhänder sind, unterliegen verpflichtend solchen Vorsorgeeinrichtungen der Kammer der Wirtschaftstreuhänder. Kammermitglieder, deren Berufsbefugnis ruht, können sich auf Antrag von dieser Verpflichtung befreien lassen. Die Kammer der Wirtschaftstreuhänder ist berechtigt, derartige Einrichtungen auch für außerordentliche Mitglieder zu schaffen und aufrechtzuerhalten.

(3) Die Einrichtungen zur Vorsorge für den Fall des Alters und der Berufsunfähigkeit sowie zur Versorgung der Hinterbliebenen sind nach den Grundsätzen des Kapitaldeckungsverfahrens zu gestalten. Aus den Mitteln der

Vorsorgeeinrichtung sind folgende Vorsorgeleistungen zu gewähren:

1. Alterspensionen,
2. Berufsunfähigkeitspensionen,
3. Witwen- und Witwerpensionen und Pensionen für hinterbliebene eingetragene Partner und
4. Waisenpension.

(4) Die Voraussetzungen für den Anspruch auf Alters-, Berufsunfähigkeits- und Hinterbliebenenvorsorge sind in der vom Kammertag zu beschließenden Satzung festzusetzen. Hierbei sind folgende Grundsätze zu beachten:

1. Voraussetzung für den Anspruch auf Alterspension ist die Vollendung des 65. Lebensjahres. Der Verzicht auf die Berufsausübung ist nicht erforderlich. In der Satzung der Vorsorgeeinrichtung kann den Kammermitgliedern die Möglichkeit eingeräumt werden, durch Antrag ein früheres oder späteres Anfallsalter zu wählen. Die Satzung kann bei Antritt der Alterspension eine Teilabfindung der Pensionsansprüche auf Antrag vorsehen.

2. Die Berufsunfähigkeitspension ist an Kammermitglieder zu gewähren, welche infolge körperlicher oder geistiger Gebrechen zur Ausübung eines Wirtschaftstreuhandberufes dauernd oder vorübergehend unfähig sind, sofern und solange sie auf die Ausübung eines Wirtschaftstreuhandberufes verzichten. Die Satzung der Vorsorgeeinrichtung kann zur Überprüfung der Anspruchsvoraussetzungen die Durchführung von vertrauensärztlichen Untersuchungen verlangen.

3. Nach dem Tod eines Anwartschaftsberechtigten einer Alters- oder Berufsunfähigkeitspension hat die Witwe (der Witwer), die (der) mit ihm (ihr) im Zeitpunkt des Todes in aufrechter Ehe gelebt hat, Anspruch auf Witwen-(Witwer-)Pension. Ebenso hat die Witwe (der Witwer), die ein Leistungsberechtigter einer Alters- oder Berufsunfähigkeitspension hinterlässt, Anspruch auf Witwen-(Witwer-)Pension, sofern die Ehe bereits vor dem Anfall der Vorsorgeleistung geschlossen wurde. Im Fall der Wiederverehelichung oder der Begründung einer eingetragenen Partnerschaft erlischt der Anspruch auf Witwen-(Witwer-)Pension. Die

Witwen-(Witwer-) Pension beträgt 60% der Alters-
oder Berufsunfähigkeitspension, die dem Verstorbenen
im Zeitpunkt seines Ablebens gebührt hat oder gebührt
hätte. Für den Fall, dass die Witwe (der Witwer) mehr
als sieben Jahre jünger ist als der (die) Verstorbene, hat
der Kammertag in der zu beschließenden Satzung
Leistungsabschläge nach
versicherungsmathematischen Grundsätzen
vorzusehen.

3a. Nach dem Tod eines Anwartschaftsberechtigten einer
Alters- oder Berufsunfähigkeitspension hat der
hinterbliebene eingetragene Partner, der mit ihm (ihr)
im Zeitpunkt des Todes in aufrechter eingetragenen
Partnerschaft gelebt, Anspruch auf eine Pension für
hinterbliebene eingetragene Partner. Ebenso hat der
eingetragene Partner, den ein Leistungsberechtigter
einer Alters- oder Berufsunfähigkeitspension
hinterlässt, Anspruch auf eine Pension für
hinterbliebene eingetragene Partner, sofern die
eingetragene Partnerschaft bereits vor dem Anfall der
Vorsorgeleistung geschlossen wurde. Im Fall der
Begründung einer neuerlichen eingetragenen
Partnerschaft oder einer Verehelichung erlischt der
Anspruch auf Pension. Die Pension für hinterbliebene
eingetragene Partner beträgt 60% der Alters- oder
Berufsunfähigkeitspension, die dem Verstorbenen im
Zeitpunkt seines Ablebens gebührt hat oder gebührt
hätte. Für den Fall, dass das der hinterbliebene
eingetragene Partner mehr als sieben Jahre jünger ist als
der (die) Verstorbene, hat der Kammertag in der zu
beschließenden Satzung Leistungsabschläge nach
versicherungsmathematischen Grundsätzen
vorzusehen.

4. Kinder, welche ein Anwartschaftsberechtigter oder
Leistungsberechtigter einer Alters- oder
Berufsunfähigkeitspension hinterlässt, haben Anspruch
auf Waisenpension. Der Versorgungsanspruch der
Kinder endet mit Vollendung des 18. Lebensjahres; bei
Fortsetzung der wissenschaftlichen oder fachlichen
Ausbildung und Nachweis eines befriedigenden
Studienfortganges, mit Abschluss der Studien,
spätestens jedoch mit Vollendung des 27.
Lebensjahres. Die Waisenpension beträgt für
Halbwaisen mindestens 10% und für Vollwaisen

mindestens 20% der Alters- oder Berufsunfähigkeitspension, die dem Verstorbenen im Zeitpunkt seines Ablebens gebührt hat oder gebührt hätte.

5. Für den Fall, dass ein Kammermitglied vor Inanspruchnahme einer Leistung der Vorsorgeeinrichtung und ohne Hinterlassen von anspruchsberechtigten Hinterbliebenen stirbt, kann die Satzung die Auszahlung einer einmaligen Abfindung vorsehen. Das Kammermitglied kann eine oder mehrere Personen bestimmen, an welche die Abfindung auszuzahlen ist. Die Abfindung beträgt höchstens 40% der auf dem Konto des Anwartschaftsberechtigten verbuchten Beiträge und Veranlagungsüberschüsse.

6. Die Vorsorgeansprüche entstehen mit dem auf die Erfüllung der Anspruchsvoraussetzungen folgenden Monatsersten.

(5) Der Kammertag hat für die Vorsorgeeinrichtung gemäß § 180 Abs. 2 eine Leistungs- und Beitragsordnung zu beschließen.

(5a) Für den Fall der Beendigung der ordentlichen Mitgliedschaft zur Kammer der Wirtschaftstreuhänder kann das ehemalige Mitglied die Übertragung des auf dem Pensionskonto nach Abs. 6 angesammelten Guthabens in eine Pensionskasse oder eine Einrichtung im Sinne des § 5 Z 4 Pensionskassengesetz (PKG), BGBl. Nr. 281/1990, in eine betriebliche Kollektivversicherung oder Gruppenrentenversicherung eines neuen Arbeitgebers, in eine Einrichtung der zusätzlichen Pensionsversicherung nach § 479 ASVG oder in eine nach dem Kapitaldeckungsverfahren gestaltete Versorgungseinrichtung nach § 50 Abs. 3 der Rechtsanwaltsordnung (RAO), RGBl. Nr. 96/1868, verlangen. Im Fall des Beginns der ordentlichen Mitgliedschaft zur Kammer der Wirtschaftstreuhänder kann das ordentliche Mitglied die Überweisung von Unverfallbarkeitsbeträgen nach den §§ 5 oder 6c des Betriebspensionsgesetzes (BPG), BGBl. Nr. 282/1990, oder eines Betrages aus einer Einrichtung der zusätzlichen Pensionsversicherung nach § 479 ASVG oder einer Versorgungseinrichtung nach § 50 Abs. 3 RAO in die Vorsorgeeinrichtung nach Abs. 2 verlangen. Die näheren Bestimmungen für die Übertragung oder Überweisung sind in der Satzung festzulegen.

(6) Die Höhe der Vorsorgeansprüche ist auf Grund der eingezahlten Beiträge und erzielten Veranlagungsüberschüsse nach versicherungsmathematischen Grundsätzen zu errechnen. Für jeden Anwartschafts- und Leistungsberechtigten ist ein Pensionskonto gemäß § 18 PKG zu führen. Die mit der Verwaltung der Vorsorgeeinrichtung entstehenden Kosten sind von den Anwartschaftsberechtigten und Leistungsberechtigten zu tragen. Für die Berufsunfähigkeitspension und die Hinterbliebenenpension sind vom Eintrittsalter abhängige Mindestleistungen vorzusehen. Die Höhe der Mindestleistungen ist in der Leistungsordnung festzusetzen. Im Falle von Beitragsbefreiungen und Beitragsermäßigungen hat die Satzung die Gewährung der Mindestleistungen entsprechend dem Ausmaß der Befreiung oder Ermäßigung ganz oder teilweise auszuschließen. Die Satzung kann die Gewährung der Mindestleistungen auch abhängig vom Zeitpunkt des Leistungsfalls ganz oder teilweise ausschließen. Die Witwen- (Witwer-) und Waisenpensionen dürfen zusammen jenen Betrag nicht übersteigen, auf den der Verstorbene selbst Anspruch gehabt hat oder gehabt hätte. Innerhalb dieses Höchstausmaßes sind die Leistungen an die einzelnen Waisen verhältnismäßig zu kürzen.

(7) In der Beitragsordnung ist die Höhe der jährlichen Beiträge festzusetzen. Dabei ist auf die wirtschaftliche Leistungsfähigkeit der Kammermitglieder Bedacht zu nehmen. Die Beiträge können auch angemessene, nach versicherungsmathematischen Grundsätzen zu ermittelnde Risikobeiträge zur Finanzierung der Berufsunfähigkeits- und Hinterbliebenenvorsorge enthalten. In der Beitragsordnung können Höchst- und Mindestbeiträge festgelegt werden. Die Beiträge können sowohl als Fixbeiträge als auch in Relation zu einer in der Satzung festzulegenden Bemessungsbasis geregelt werden. Die Höhe der Beiträge darf 10% der jährlichen Einkünfte aus selbständiger und unselbständiger Tätigkeit in einem Wirtschaftstreuhandberuf nicht übersteigen. Wenn der Beitrag als Fixbetrag festgelegt wird, hat die Satzung – unbeschadet eines allfälligen Mindestbeitrags – Ermäßigungs- oder Befreiungsmöglichkeiten für jene Kammermitglieder vorzusehen, deren Bemessungsgrundlage geringer ist als die Bemessungsgrundlage, die sich aus dem Höchstbeitrag ergibt. Eine derartige Beitragsermäßigung kann von Kammermitgliedern, deren Berufsbefugnis ruht, nicht

beansprucht werden. Weiters kann die Satzung sowohl eine Beitragsermäßigung als auch eine Beitragsbefreiung für Berufsanfänger vorsehen, und zwar für das Jahr der Ersteintragung und für weitere vier Kalenderjahre.

(8) Alle für die Vorsorgeeinrichtungen gemäß § 180 Abs. 1 und 2 erforderlichen Entscheidungen, insbesondere über die Feststellung der verpflichtenden Teilnahme an einer Vorsorgeeinrichtung, über die Vorschreibung von Beiträgen, über Anträge auf Befreiungen, Beitragsermäßigungen und die Zuerkennung von Leistungen, haben die gemäß § 159 Abs. 3a zu bestellenden Ausschüsse zu treffen. Über einen Anspruch auf Leistungen aus der Vorsorgeeinrichtung gemäß § 180 Abs. 2 ist längstens innerhalb von drei Monaten zu entscheiden. Für die administrative Vorbereitung und Durchführung der die Vorsorgeeinrichtung gemäß § 180 Abs. 2 betreffenden Angelegenheiten kann sich die Kammer der Wirtschaftstreuhänder Dritter bedienen. Die Betrauung Dritter ist in der Satzung der Vorsorgeeinrichtung zu regeln.

(9) Die Verwaltung des Vermögens der Vorsorgeeinrichtung gemäß § 180 Abs. 2 ist von der Verwaltung des übrigen Kammervermögens getrennt zu führen und obliegt dem für diese Vorsorgeeinrichtung zu bestellenden Ausschuss. Dieser hat jährlich einen Rechenschaftsbericht zu erstatten. Das Vermögen der Vorsorgeeinrichtung ist nach den Grundsätzen des § 25 PKG zu veranlagen. Hierbei kann der Ausschuss Dritte zur Unterstützung heranziehen. Es ist ein Geschäftsplan gemäß § 20 PKG zu erstellen. Die Geschäftsführung der Vorsorgeeinrichtung ist von einem Prüfaktuar mindestens einmal jährlich zu überprüfen. Der Prüfaktuar wird vom Vorstand jeweils für die Dauer von drei Jahren bestellt.

(10) In den Satzungen der Vorsorgeeinrichtungen sind auf Grund der §§ 159 und 180 nähere Bestimmungen über die Zusammensetzung der Ausschüsse, die Aufbringung der Beiträge zu den Vorsorgeeinrichtungen, die Verwaltung und Veranlagung der Beiträge, die Tätigkeit des Prüfaktuars und über die Höhe, die Festlegung der Voraussetzungen und das Verfahren für die Gewährung der vorgesehenen Vorsorgeleistungen zu treffen. In den Satzungen der Vorsorgeeinrichtungen kann festgelegt werden, dass Eingaben der Mitglieder ausschließlich in elektronischer Form über ein Internetportal der jeweiligen Vorsorgeeinrichtung einzubringen sind sowie bestimmten Gliederungen,

technischen Mindestanforderungen und Übermittlungsmodalitäten zu entsprechen haben. In den Satzungen der Vorsorgeeinrichtungen kann festgelegt werden, dass Entscheidungen oder sonstige Erledigungen der gemäß § 180 Abs. 8 zuständigen Ausschüsse oder betrauten Dritten an die Mitglieder ausschließlich in elektronischer Form über ein Internetportal der jeweiligen Vorsorgeeinrichtung zuzustellen sind. Die weiteren Nutzungsbedingungen für das Internetportal der jeweiligen Vorsorgeeinrichtung sind ebenfalls in den Satzungen der Vorsorgeeinrichtungen festzulegen.

(11) Die Kammer der Wirtschaftstreuhänder hat für die Deckung von Ruhe- und Versorgungsansprüchen des Personals der Kammer der Wirtschaftstreuhänder einen Pensionsfonds zu bilden. Die Höhe des Pensionsfonds hat versicherungsmathematischen Grundsätzen zu entsprechen. Die entsprechenden Beträge sind in den jährlichen Voranschlägen der Kammer der Wirtschaftstreuhänder anzusetzen. Soweit die Ruhe- und Versorgungsansprüche durch den Pensionsfonds nicht gedeckt sind, sind die zur Ergänzung notwendigen Beträge in den Voranschlägen anzusetzen.

5. Abschnitt

Sonstige Bestimmungen

Aufsicht

§ 181. (1) Die Kammer der Wirtschaftstreuhänder und alle ihre Einrichtungen und Unternehmungen unterstehen der Aufsicht des Bundesministers für Arbeit und Wirtschaft.

(2) Die Aufsicht umfasst die Sorge für die gesetzmäßige Führung der Geschäfte und für die Aufrechterhaltung des ordnungsmäßigen Ganges der Verwaltung.

(3) Der Bundesminister für Arbeit und Wirtschaft ist in Handhabung seines Aufsichtsrechts insbesondere berechtigt, Beschlüsse und Bescheide aufzuheben.

(4) Die Kammer der Wirtschaftstreuhänder ist verpflichtet, dem Bundesminister für Arbeit und Wirtschaft auf Verlangen Auskünfte zu erteilen, Akteneinsicht zu gewähren und Prüfungen an Ort und Stelle vornehmen zu lassen. Gegenüber dem Bundesminister für Arbeit und Wirtschaft besteht keine Amtsverschwiegenheit.

(5) Die von der Kammer der Wirtschaftstreuhänder beschlossenen Richtlinien und Empfehlungen sind dem Bundesminister für Arbeit und Wirtschaft unverzüglich zur Kenntnis zu bringen.

(6) Die Kundmachung einer von der Kammer der Wirtschaftstreuhänder beschlossenen Verordnung ist nur mit Zustimmung des Bundesministers für Arbeit und Wirtschaft zulässig. Verordnungen der Kammer der Wirtschaftstreuhänder sind im Amtsblatt der Kammer der Wirtschaftstreuhänder und im Internet auf der Website der Kammer der Wirtschaftstreuhänder kundzumachen. Die im Internet kundgemachten Inhalte müssen jederzeit ohne Identitätsnachweis und gebührenfrei zugänglich sein und in ihrer kundgemachten Form vollständig und auf Dauer ermittelt werden können. Die jeweiligen Änderungen sind im Internet auf der Website der Kammer der Wirtschaftstreuhänder mit dem jeweiligen Kundmachungsdatum ersichtlich zu machen.

Wechselseitige Hilfeleistungspflichten

§ 182. (1) Alle staatlichen und autonomen Behörden und alle auf Grund gesetzlicher Bestimmungen zur Vertretung wirtschaftlicher Interessen berufenen oder auf Grund freier Vereinbarung hierzu errichteten Körperschaften sind verpflichtet, der Kammer der Wirtschaftstreuhänder auf Verlangen die zur Erfüllung ihrer Aufgaben erforderlichen Auskünfte unbeschadet der Bestimmungen des Datenschutzgesetzes 2000, BGBl. I Nr. 165/1999, zu erteilen.

(2) Die Kammer der Wirtschaftstreuhänder ist zu einem gleichen Verhalten gegenüber den vorgenannten Behörden und Körperschaften verpflichtet.

(3) Im Fall von Strafverfahren wegen des Verdachts einer vorsätzlich begangenen strafbaren Handlung, die mit mehr als einjähriger Freiheitsstrafe bedroht ist, einer mit Bereicherungsvorsatz begangenen sonstigen gerichtlich strafbaren Handlungen und eines gerichtlich strafbaren Finanzvergehens haben die Kammer der Wirtschaftstreuhänder zu verständigen:

1. die Staatsanwaltschaften von der Einleitung eines Ermittlungsverfahrens nach der StPO als Beschuldigte (§ 48 Abs. 1 Z 2 StPO) sowie über die Einbringung der Anklage, den Rücktritt von der Verfolgung und die Einstellung des Ermittlungsverfahrens und

2. das Strafgericht über die Verhängung der Untersuchungshaft sowie über die rechtskräftige Entscheidung im Strafverfahren unter Anschluss der das Verfahren abschließenden Entscheidung.

(4) Die Finanzstrafbehörden sind verpflichtet, die Kammer der Wirtschaftstreuhänder von der Einleitung eines verwaltungsbehördlichen Finanzstrafverfahrens wegen eines sonstigen vorsätzlichen Finanzvergehens mit Ausnahme einer Finanzordnungswidrigkeit gegen einen Berufsberechtigten ohne Verzug zu verständigen und das Ergebnis des durchgeführten Strafverfahrens der Kammer unter Anschluss einer Ausfertigung der Strafentscheidung mitzuteilen.

(5) Der Kammer der Wirtschaftstreuhänder ist auf Verlangen Akteneinsicht zu gewähren. Bis zur Beendigung des Ermittlungsverfahrens können jedoch die Staatsanwaltschaften und Gerichte einzelne Aktenstücke von der Einsichtnahme ausnehmen, wenn besondere Umstände die Befürchtung rechtfertigen, dass durch eine sofortige Kenntnisnahme von diesen Aktenstücken der Zweck der Ermittlungen gefährdet wäre.

(6) Der Vorsitzenden des Disziplinarrates hat den Gerichten und Staatsanwaltschaften auf Verlangen jederzeit Auskunft über den Stand eines Disziplinarverfahrens oder dessen Ausgang zu erteilen.

Datenschutz

§ 183. Die Kammer der Wirtschaftstreuhänder ist insoweit ermächtigt, personenbezogene Daten im Sinne der Verordnung (EU) 2016/679 zum Schutz natürlicher Personen bei der Verarbeitung personenbezogener Daten, zum freien Datenverkehr und zur Aufhebung der Richtlinie 95/46/EG (Datenschutz-Grundverordnung), ABl. Nr. L 119 vom 04.05.2016 S. 1, und des Datenschutzgesetzes (DSG), BGBl. I Nr. 165/1999, zu verarbeiten, als dies der Erfüllung der ihnen gesetzlich übertragenen Aufgaben dient. Dies gilt auch für die Verarbeitung von personenbezogenen Daten durch sonstige Rechtsträger, die zur Erfüllung dieser Aufgaben herangezogen werden.

Verschwiegenheitspflicht

§ 184. (1) Alle Funktionäre, Ausschussmitglieder und das gesamte Personal der Kammer der Wirtschaftstreuhänder sind verpflichtet, über persönliche Verhältnisse, Einrichtungen und Geschäfts- und Betriebsverhältnisse, die ihnen in

Wahrnehmung ihrer Aufgaben in der Kammer der Wirtschaftstreuhänder zur Kenntnis gelangen, Verschwiegenheit zu bewahren. Jede Verwertung von Geschäfts- und Betriebsgeheimnissen ist ihnen untersagt.

(2) Von der Verschwiegenheitspflicht kann auf Verlangen eines Gerichtes oder einer Behörde das Präsidium oder, soweit sie dieses betrifft, der Bundesminister für Arbeit und Wirtschaft entbinden.

Europäische Verwaltungszusammenarbeit

§ 185. (1) Die Kammer der Wirtschaftstreuhänder hat mit den zuständigen Behörden der anderen Mitgliedstaaten der EU oder eines Vertragsstaates des EWR oder der Schweizerischen Eidgenossenschaft zur Anwendung folgender Richtlinien eng zusammenzuarbeiten und diesen Behörden Amtshilfe zu leisten:

1. der Berufsqualifikationsanerkennungs-RL und

2. der Abschlussprüfungs-RL.

(2) Die Verpflichtungen nach Abs. 1 umfassen insbesondere den Austausch folgender Informationen betreffend diesem Gesetz unterliegende Personen:

1. Informationen über disziplinarische oder strafrechtliche Sanktionen oder sonstige schwerwiegende genau bestimmte Sachverhalte, die sich auf die ausgeübten Tätigkeiten auswirken könnten, vorliegen sowie

2. betreffend die Erbringung einer Dienstleistung

   a) alle Informationen über die Rechtmäßigkeit der Niederlassung und die gute Führung des Dienstleisters,

   b) alle Informationen, die im Falle von Beschwerden eines Dienstleistungsempfängers gegen einen Dienstleister für ein ordnungsgemäßes Beschwerdeverfahren erforderlich sind, wobei der Dienstleistungsempfänger über das Beschwerdeergebnis zu unterrichten ist und

   c) Informationen darüber, dass keine berufsbezogenen disziplinarischen oder strafrechtlichen Sanktionen vorliegen.

(3) Die Kammer der Wirtschaftstreuhänder hat im Rahmen der Europäischen Verwaltungszusammenarbeit das Internal Market Information System (IMI) entsprechend der

Verordnung (EU) Nr. 1024/2012 über die Verwaltungszusammenarbeit mit Hilfe des Binnenmarkt-Informationssystems und zur Aufhebung der Entscheidung 2008/49/EG der Kommission („IMI-Verordnung"), ABl. Nr. L 316 vom 14.11.2012 S. 1, zuletzt geändert durch die Verordnung (EU) Nr. 1628/2016, ABl. Nr. L 252 vom 16.09.2016 S. 53, zu verwenden.

(4) Sofern der Niederlassungswerber im Rahmen eines Verfahrens gemäß § 7 gefälschte Berufsqualifikationsnachweise angeschlossen hat, hat die Kammer der Wirtschaftstreuhänder die zuständigen Behörden der anderen Mitgliedstaaten der EU und Vertragsstaaten des EWR nach den Bestimmungen des Art. 56a der Berufsqualifikationsanerkennungs-RL im Wege des IMI binnen drei Tagen nach Rechtskraft einer entsprechenden gerichtlichen Feststellung über die Identität des Niederlassungswerbers zu informieren. Die Kammer der Wirtschaftstreuhänder hat den Niederlassungswerber zeitgleich mit der Vorwarnung schriftlich über die Vorwarnung zu informieren. Der Niederlassungswerber kann eine Überprüfung der Rechtmäßigkeit der Vorwarnung in einem bescheidmäßig zu erledigenden Verfahren bei der Kammer der Wirtschaftstreuhänder beantragen. Die Kammer der Wirtschaftstreuhänder hat die Vorwarnung im Wege des IMI unverzüglich richtig zu stellen oder zurückzuziehen, wenn im Rahmen der Überprüfung die Rechtswidrigkeit der Vorwarnung festgestellt wird.

2. Hauptstück

Wahlen

1. Abschnitt

Kosten – Wahlordnung

Kosten

§ 186. Die Kosten, die sich aus der Durchführung der Wahlen der Kammerorgane ergeben, sind von der Kammer der Wirtschaftstreuhänder zu tragen.

Wahlordnung

§ 187. (1) Die Kammer der Wirtschaftstreuhänder hat durch Verordnung die näheren Durchführungsvorschriften für die Wahlen der Kammerorgane zu erlassen.

(2) Im Falle der Durchführung der Wahl auf elektronischem Weg hat die Wahlordnung die näheren Bestimmungen festzulegen. Dabei ist sicherzustellen, dass die Einhaltung der Bestimmungen des § 188 sowie der Datenschutz-Grundverordnung und des Datenschutzgesetzes gewährleistet ist. Das zum Einsatz kommende System muss den Sicherheitsanforderungen qualifizierter elektronischer Signaturen gemäß der Verordnung (EU) Nr. 910/2014 entsprechen und gewährleisten, dass die Aufgaben der Hauptwahlkommission und der Wahlkommissionen auch bei der elektronischen Wahl erfüllt werden können.

(3) Durch das bei einer elektronischen Wahl eingesetzte System ist insbesondere Folgendes sicherzustellen:

1. Die Wahrung des Wahlgeheimnisses durch Methoden, die gewährleisten, dass die ausgefüllten Stimmzettel anonymisiert und nicht rückverfolgbar bei den Wahlkommissionen zur Auszählung gelangen. Es darf zu keinem Zeitpunkt durch die Wahlkommission oder durch Dritte eine Zusammenführung der Identität des Wählers mit seinem Wahlverhalten möglich sein;

2. die Verifikation der Identität des Stimmberechtigten im Rahmen des Wahlvorganges vor der Übermittlung des Stimmzettels, damit die Stimmabgabe durch Nichtberechtigte und die Abgabe mehrerer Stimmen durch eine Person ausgeschlossen ist. Es dürfen nur jene personenbezogenen Daten verwendet werden, die zur Durchführung der Wahl notwendig sind;

3. die Unverfälschtheit des ausgefüllten Stimmzettels durch den Einsatz sicherer elektronischer Signaturen und die Geheimhaltung der Wahldaten während der Übertragung zur Wahlkommission durch Verschlüsselung dieser Daten zur Sicherstellung des Wahlgeheimnisses;

4. die Berücksichtigung des Übereilungsschutzes für den Wähler wie bei der herkömmlichen Stimmabgabe und

5. die sinngemäße Erfüllung der gemäß § 221 Abs. 2 an Wahlzellen gestellten Anforderungen durch die aufgestellten technischen Komponenten zur Abgabe der Stimme und die Verpflichtung der Wahlberechtigten durch die Wahlordnung zum unbeobachteten und unbeeinflussten Ausfüllen der Wahlformulare.

(4) Die Erfüllung der Sicherheitsanforderungen gemäß Abs. 2 und 3 muss von einer Bestätigungsstelle gemäß § 7 des Signatur- und Vertrauensdienstegesetzes (SVG), BGBl. I Nr. 50/2016, bescheinigt sein.

2. Abschnitt
Wahl in den Kammertag

Allgemeine Grundsätze

(Anm.: § 188.) Die Mitglieder des Kammertages sind auf Grund des allgemeinen, gleichen und geheimen Wahlrechts nach den Grundsätzen des Verhältniswahlrechts zu wählen. Die Wahl in den Kammertag kann auch auf elektronischem Wege (e-voting) erfolgen.

Funktionsperiode des Kammertages

§ 189. (1) Der Kammertag hat eine fünfjährige Funktionsperiode.

(2) Die Funktionsperiode des Kammertages beginnt mit dem Tag seiner konstituierenden Sitzung. Die Funktionsperiode endet mit dem Zusammentritt des neu gewählten Kammertages zu seiner konstituierenden Sitzung.

Anordnung der Wahl

§ 190. (1) Die Wahl in den Kammertag hat innerhalb der letzten sechs Monate vor Ablauf der fünfjährigen Funktionsperiode des Kammertages stattzufinden.

(2) Die Wahl in den Kammertag ist vom Vorstand anzuordnen. Der Vorstand hat dabei auch zu beschließen, ob die Wahl auf elektronischen Weg durchgeführt wird.

(3) Die Anordnung der Wahl ist in geeigneter Weise kundzumachen.

Wahlkreise

§ 191. Das Bundesgebiet ist in neun Wahlkreise zu teilen. Jedes Bundesland bildet einen Wahlkreis. Die neun Wahlkreise bilden den Wahlkreisverband.

Aufteilung der Mandate auf die Wahlkreise

§ 192. (1) Die Zahl der auf die einzelnen Wahlkreise entfallenden Mandate ist auf Grund der Zahl der aktiv wahlberechtigten Mitglieder eines Wahlkreises zu ermitteln.

(2) Für die Zugehörigkeit eines aktiv wahlberechtigten Mitgliedes der Kammer der Wirtschaftstreuhänder zu einem Wahlkreis ist sein Berufssitz maßgebend. Besteht ein Berufssitz im Bundesgebiet nicht, so ist der Hauptwohnsitz am Tage der Wahlanordnung maßgebend.

(3) Für jeden Wahlkreis ist eine Liste der den einzelnen Wahlkreisen angehörenden aktiv wahlberechtigten Mitglieder der Kammer der Wirtschaftstreuhänder zu erstellen. Die Zahlen der den einzelnen Wahlkreisen zugehörenden aktiv wahlberechtigten Mitglieder der Kammer der Wirtschaftstreuhänder sind nach ihrer Größe geordnet nebeneinander zu schreiben. Unter jede dieser Zahlen ist ihre Hälfte, unter diese ihr Drittel, Viertel, Fünftel usw. zu schreiben, bis die 66 größte Zahl ermittelt ist. Jeder Wahlkreis hat so viele Mitglieder in den Kammertag zu wählen, als die zuvor ermittelte Zahl in der Zahl der dem jeweiligen Wahlkreis zugehörenden aktiv wahlberechtigten Mitgliedern der Kammer der Wirtschaftstreuhänder enthalten ist.

(4) Haben nach der Berechnung gemäß Abs. 3 mehrere Wahlkreise den gleichen Anspruch auf ein Mandat, so hat das Los zu entscheiden.

Aktives Wahlrecht

§ 193. (1) Aktiv wahlberechtigt sind alle natürlichen ordentlichen Mitglieder der Kammer der Wirtschaftstreuhänder, deren Mitgliedschaft am Tag der Wahlausschreibung bestanden hat.

(2) Aktiv Wahlberechtigte dürfen nur an ihrem Berufssitz in der Wählerliste eingetragen sein. Besteht ein Berufssitz im Bundesgebiet nicht, so ist der Hauptwohnsitz am Tag der Wahlausschreibung für die Eintragung in die Wählerliste maßgebend. Besteht weder ein Berufssitz noch ein Hauptwohnsitz in Österreich, so ist der Wahlberechtigte in die Wählerliste des nach dem Sitz der Wahlkreiskommissionen seinem Berufssitz nächstgelegenen Wahlkreises einzutragen.

(3) Aktiv Wahlberechtigte dürfen ihr Wahlrecht nur einmal ausüben.

Passives Wahlrecht

§ 194. Wählbar sind alle natürlichen ordentlichen Mitglieder der Kammer der Wirtschaftstreuhänder, die

1. am Tag der Wahlausschreibung bereits mindestens ein Jahr der Kammer der Wirtschaftstreuhänder als ordentliches Mitglied angehört haben und

2. die österreichische Staatsbürgerschaft besitzen.

Hauptwahlkommission – Bestellung

§ 195. (1) Zur Durchführung und Leitung der Wahl ist eine Hauptwahlkommission zu bestellen. Die Hauptwahlkommission hat ihren Sitz bei der Kammer der Wirtschaftstreuhänder. Sie ist für das ganze Bundesgebiet zuständig.

(2) Die Hauptwahlkommission hat zu bestehen aus:

1. dem Vorsitzenden und

2. sechs weiteren Mitgliedern.

(3) Der Vorsitzende der Hauptwahlkommission und für den Fall seiner Verhinderung ein Stellvertreter sind vom Vorstand der Kammer der Wirtschaftstreuhänder zu bestellen. Der Vorsitzende der Hauptwahlkommission und sein Stellvertreter haben vor Antritt ihrer Funktion in die Hand des Präsidenten der Kammer der Wirtschaftstreuhänder das Gelöbnis strenger Unparteilichkeit und gewissenhafter Erfüllung der mit ihrer Funktion verbundenen Pflichten abzulegen.

(4) Die sechs weiteren Mitglieder der Hauptwahlkommission sind vom Vorstand der Kammer der Wirtschaftstreuhänder aufgrund eines Vorschlages des Präsidiums der Kammer der Wirtschaftstreuhänder zu bestellen. Für den Fall der Verhinderung dieser Mitglieder hat der Vorstand der Kammer der Wirtschaftstreuhänder jeweils ein Ersatzmitglied aufgrund eines Vorschlages des Präsidiums zu bestellen.

(5) Das Präsidium hat seinen Vorschlag auf Bestellung der Mitglieder und Ersatzmitglieder der Wahlkommission gleichzeitig mit der Anordnung der Wahlen zu erstatten. Im Vorschlag des Präsidiums muss jede Berufsgruppe zumindest durch ein Mitglied und Ersatzmitglied vertreten sein. Mindestens zwei Mitglieder und zwei Ersatzmitglieder müssen anderen Wahlkreisen als dem Wahlkreis Wien zugehören. Mitglieder gemäß Abs. 2 Z 2 und ihre Ersatzmitglieder müssen das passive Wahlrecht besitzen.

(6) Mitglieder gemäß Abs. 2 Z 2 und ihre Ersatzmitglieder haben vor Antritt ihrer Funktion in die Hand des Vorsitzenden

der Hauptwahlkommission das Gelöbnis strenger Unparteilichkeit und gewissenhafter Erfüllung der mit ihrer Funktion verbundenen Pflichten abzulegen.

Hauptwahlkommission – Aufgaben

§ 196. (1) Der Vorsitzende der Hauptwahlkommission hat deren Sitzungen zu leiten und die Geschäfte der Hauptwahlkommission zu führen, soweit diese nicht von der Hauptwahlkommission selbst wahrzunehmen sind.

(2) Die Hauptwahlkommission hat insbesondere folgende Aufgaben wahrzunehmen:

1. die Aufteilung der auf die einzelnen Wahlkreise entfallenden Mandate des Kammertages,
2. die Ausschreibung der Wahl, die Festsetzung des Zeitpunktes, bis zu welchem sich die Wahlberechtigten im Besitz des Wahlkuverts befinden müssen, und die Festsetzung des Zeitraumes, innerhalb dessen die Wahlkuverts bei der Kreiswahlkommission einlangen oder abgegeben werden müssen,
3. die Bestellung der Mitglieder der Kreiswahlkommissionen,
4. die Angabe, an welcher Stelle und innerhalb welcher Zeit die Wählerlisten zur Einsichtnahme aufliegen müssen,
5. die Entscheidung über Einsprüche gegen die Wählerlisten,
6. die Entscheidung über die Wählbarkeit der Wahlwerber und über die Gültigkeit der Wahlvorschläge und die Verlautbarung der Wahlvorschläge,
7. die Überprüfung der Wahlergebnisse in den Wahlkreisen und die Ermittlung des endgültigen Abstimmungsergebnisses und
8. die Zuweisung der Mandate an die wahlwerbenden Gruppen und die Verlautbarung des Wahlergebnisses.

(3) Die Hauptwahlkommission hat eine elektronisch geführte Wahl unter Beiziehung einer Bestätigungsstelle gemäß § 7 SVG abzubrechen, wenn die Funktionsfähigkeit des verwendeten Systems nicht mehr gegeben ist.

(4) Nach einem Abbruch der Wahl gemäß Abs. 3 ist diese innerhalb von 60 Tagen zu wiederholen. Die Hauptwahlkommission hat die entsprechende Kundmachung zu erlassen. Diese Kundmachung ist unverzüglich im

Amtsblatt der Kammer der Wirtschaftstreuhänder zu veröffentlichen. Die näheren Bestimmungen hat die Wahlordnung zu treffen.

Kreiswahlkommissionen – Bestellung

§ 197. (1) Für jeden Wahlkreis ist am Sitz der jeweiligen Landesstelle eine Kreiswahlkommission zu bestellen.

(2) Die Kreiswahlkommission hat zu bestehen aus:

1. dem Vorsitzenden und

2. vier weiteren Mitgliedern.

(3) Die Vorsitzenden der Kreiswahlkommissionen und für den Fall ihrer Verhinderung jeweils ein Stellvertreter sind vom Vorsitzenden der Hauptwahlkommission zu bestellen. Die Vorsitzenden der Kreiswahlkommissionen und ihre Stellvertreter haben vor Antritt ihrer Funktion in die Hand des Vorsitzenden der Hauptwahlkommission das Gelöbnis strenger Unparteilichkeit und gewissenhafter Erfüllung der mit ihren Funktionen verbundenen Pflichten abzulegen.

(4) Die vier weiteren Mitglieder der jeweiligen Kreiswahlkommissionen sind von der Hauptwahlkommission auf Grund eines Vorschlages des Vorstandes der Kammer der Wirtschaftstreuhänder zu bestellen. Für den Fall der Verhinderung dieser Mitglieder hat die Hauptwahlkommission jeweils ein Ersatzmitglied auf Grund eines Vorschlages des Vorstandes zu bestellen.

(5) Im Vorschlag des Vorstandes muss jede Berufsgruppe zumindest durch ein Mitglied und ein Ersatzmitglied vertreten sein. Mitglieder gemäß Abs. 2 Z 2 und ihre Ersatzmitglieder müssen ihren Berufssitz oder Hauptwohnsitz im betreffenden Wahlkreis haben und das passive Wahlrecht besitzen.

(6) Mitglieder gemäß Abs. 2 Z 2 und ihre Ersatzmitglieder haben vor Antritt ihrer Funktion in die Hand des Vorsitzenden der Kreiswahlkommission das Gelöbnis strenger Unparteilichkeit und gewissenhafter Erfüllung der mit ihren Funktionen verbundenen Pflichten abzulegen.

Kreiswahlkommissionen – Aufgaben

§ 198. (1) Die Vorsitzenden der Kreiswahlkommissionen haben deren Sitzungen zu leiten und die Geschäfte der Kreiswahlkommissionen zu führen, soweit diese nicht von den Kreiswahlkommissionen selbst wahrzunehmen sind.

(2) Die Kreiswahlkommissionen haben insbesondere folgende Aufgaben wahrzunehmen:

1. die Auflegung der Wählerlisten,
2. die Entgegennahme der Wahlkuverts und
3. die Ermittlung des Abstimmungsergebnisses.

Wahlkommissionen – Bestellung

§ 199. (1) Der Vorsitzende, sein Stellvertreter, die Mitglieder und die Ersatzmitglieder der Hauptwahlkommission sind spätestens zwei Wochen nach der Anordnung der Wahl zu bestellen.

(2) Die Vorsitzenden, ihre Stellvertreter, die Mitglieder und die Ersatzmitglieder der Kreiswahlkommissionen sind spätestens vier Wochen nach der Anordnung der Wahl zu bestellen.

Wahlkommissionen – Ausübung der Funktion

§ 200. (1) Die Mitglieder der Wahlkommissionen haben ihre Tätigkeiten ehrenamtlich und ohne Bindung an einen Auftrag auszuüben.

(2) Die Mitglieder der Wahlkommissionen sind verpflichtet, an den Sitzungen teilzunehmen und ihre Funktion streng unparteiisch und gewissenhaft zu erfüllen.

(3) Jedes passiv wahlberechtigte Mitglied ist verpflichtet, seine Bestellung zum Mitglied einer Wahlkommission anzunehmen.

(4) Die Mitglieder der Wahlkommissionen haben Anspruch auf Ersatz der ihnen in Ausübung ihrer Funktion entstandenen Barauslagen.

Sitzungen der Wahlkommissionen

§ 201. (1) Die Vorsitzenden haben die jeweiligen Wahlkommissionen innerhalb einer Woche nach ihrer Bestellung zur ersten Sitzung einzuladen. Die erste Sitzung der jeweiligen Wahlkommission hat binnen vier Wochen nach der Bestellung ihres Vorsitzenden stattzufinden.

(2) Die folgenden Sitzungen haben nach Bedarf oder auf Beschluss der Wahlkommission stattzufinden.

(3) Zu den folgenden Sitzungen haben ihre Vorsitzenden einzuberufen.

(4) Die Wahlkommissionen sind beschlussfähig, wenn der Vorsitzende, im Fall seiner Verhinderung sein Stellvertreter,

und mindestens drei Viertel ihrer Mitglieder, im Falle ihrer Verhinderung deren Ersatzmitglieder, anwesend sind.

(5) Die Wahlkommissionen haben ihre Beschlüsse mit einfacher Stimmenmehrheit zu fassen. Der Vorsitzende stimmt nicht mit. Nur bei Stimmengleichheit hat der Vorsitzende seine Stimme abzugeben.

(6) Den Sitzungen der Hauptwahlkommission ist der Kammerdirektor oder sein Stellvertreter oder ein rechtskundiger Bediensteter der Kammer der Wirtschaftstreuhänder zur Beratung beizuziehen.

(7) Den Sitzungen der Kreiswahlkommissonen ist jeweils ein vom Kammerdirektor zu bestimmender Bediensteter der Kammer der Wirtschaftstreuhänder zur Beratung beizuziehen.

(8) In Angelegenheiten der Wahl sind die in Abs. 6 und 7 genannten Bediensteten an die Weisungen des jeweiligen Vorsitzenden der Wahlkommission gebunden.

Geschäftsstellen der Wahlkommissionen

§ 202. (1) Geschäftsstelle der Hauptwahlkommission ist das Kammeramt.

(2) Geschäftsstellen der Kreiswahlkommissionen sind die Kanzleien der jeweiligen Landesstellen.

Vertrauenspersonen

§ 203. (1) Jede Wählergruppe ist berechtigt, jeweils eine Vertrauensperson, im Verhinderungsfall deren Stellvertreter, in die Hauptwahlkommission und die Kreiswahlkommissionen zu entsenden.

(2) Voraussetzung für die Entsendung einer Vertrauensperson ist:

1. die Zulassung des Wahlvorschlages und

2. die Wahlbeteiligung in dem betreffenden Wahlkreis.

(3) Vertrauenspersonen und deren Stellvertreter sind den jeweiligen Wahlkommissionen frühestens mit der Einbringung des Wahlvorschlages und spätestens eine Woche vor der Wahl namhaft zu machen. Die Namhaftmachung hat durch den Zustellungsbevollmächtigten der Wählergruppe schriftlich zu erfolgen.

(4) Fristgerecht namhaft gemachte Vertrauenspersonen, im Verhinderungsfall ihre Stellvertreter, sind berechtigt, an

den Sitzungen der jeweiligen Wahlkommissionen ohne Stimmrecht teilzunehmen.

Ausschreibung der Wahl – Wahlkundmachung

§ 204. (1) Die Hauptwahlkommission hat den Zeitpunkt der Wahl so zu bestimmen, dass zwischen dem Tag der Veröffentlichung der Wahlkundmachung und dem Wahltag ein Zeitraum von 14 Wochen liegt.

(2) Die Wahlkundmachung hat zu enthalten:

1. den Wahltag,
2. die Angabe, wo und bis wann die Wahlkuverts abgegeben werden oder bei Übersendung einlangen müssen,
3. die Anzahl der in den einzelnen Wahlkreisen zu wählenden Mitglieder des Kammertages,
4. die Angabe, wo und wann die Wählerlisten und ein Abdruck dieses Bundesgesetzes und der Wahlordnung eingesehen werden können,
5. die Bestimmung, dass Einwendungen gegen die Wählerlisten binnen zwei Wochen nach deren Auflegung bei der Kreiswahlkommission einzubringen sind,
6. die Aufforderung, dass Wahlvorschläge schriftlich bei der Hauptwahlkommission spätestens bis 16 Uhr des Tages, welcher fünf Wochen vor dem Wahltag liegt, einzubringen sind,
7. die Bestimmungen über die Zahl der Wahlwerber, die Unterzeichnung des Wahlvorschlages, die Nennung eines Zustellungsbevollmächtigten und die Voraussetzungen für den Anspruch auf Zuweisung von Restmandaten im zweiten Ermittlungsverfahren,
8. die Angabe, wo und wann die zur Wahlhandlung zugelassenen Wahlvorschläge zur Einsicht aufliegen werden,
9. die Bestimmung, dass Stimmen gültig nur für zugelassene Wahlvorschläge abgegeben werden können, und
10. die Angabe, wie die Stimmabgabe zu erfolgen hat.

(3) Die Wahlkundmachung ist in geeigneter Weise zu veröffentlichen.

Wählerlisten

§ 205. (1) Das Kammeramt hat für jeden Wahlkreis eine Wählerliste anzulegen.

(2) Die Wählerlisten sind spätestens vier Wochen nach der Wahlausschreibung von jeder Kreiswahlkommission an ihrem Sitz zur öffentlichen Einsicht aufzulegen. Aktiv Wahlberechtigten sind auf Verlangen vom Kammeramt Ausfertigungen der Wählerlisten auszufolgen. Die Ausfolgung einer Ausfertigung einer Wählerliste kann frühestens drei Wochen nach der Wahlausschreibung verlangt werden. Einem diesbezüglichen Verlangen ist binnen einer Woche zu entsprechen.

(3) Die Auflegung der Wählerlisten ist durch die zuständige Wahlkommission in geeigneter Weise kundzumachen. Gleichzeitig mit dieser Kundmachung ist auf die Möglichkeit eines Einspruches gegen die Wählerlisten gemäß Abs. 5 hinzuweisen.

(4) Vom ersten Tag der Auflegung der Wählerlisten an ist eine Änderung dieser nur mehr im Wege eines Einspruchsverfahrens zulässig. Ausgenommen hiervon sind Formgebrechen, insbesondere die Berichtigung von Schreibfehlern.

(5) Jeder aktiv Wahlberechtigte hat das Recht, innerhalb von zwei Wochen nach Auflegung der Wählerlisten Einspruch gegen die Wählerlisten bei der zuständigen Kreiswahlkommission zu erheben. Einsprüche sind nur gegen die Aufnahme vermeintlich Nichtwahlberechtigter oder gegen die Nichtaufnahme vermeintlich Wahlberechtigter, die namentlich zu bezeichnen sind, zulässig. Sie sind schriftlich einzubringen und haben einen begründeten Antrag zu enthalten. Einsprüche, die diesen Erfordernissen nicht entsprechen, sind ohne weiteres Verfahren zurückzuweisen.

(6) Die Kreiswahlkommission hat, sofern der Einspruch nicht zurückzuweisen ist, die von einem Einspruch betroffenen Personen binnen zwei Tagen nach Einlangen des Einspruchs hiervon durch einen eingeschriebenen Brief zu verständigen und zur Abgabe einer Stellungnahme aufzufordern. Stellungnahmen sind von der Kreiswahlkommission bei ihrer Entscheidung nur dann zu berücksichtigen, wenn diese innerhalb weiterer fünf Tage bei der Kreiswahlkommission schriftlich einlangen. Die Kreiswahlkommission hat spätestens eine Woche nach Ablauf der Einspruchsfrist über

Einsprüche zu entscheiden. Die Entscheidung der Kreiswahlkommission ist dem Einspruchswerber und der vom Einspruch betroffenen Person zuzustellen.

(7) Gegen die Entscheidung der Kreiswahlkommission steht dem Einspruchswerber und der vom Einspruch betroffenen Person das Recht der Berufung an die Hauptwahlkommission zu. Berufungen gegen Entscheidungen der Kreiswahlkommission sind innerhalb einer Woche nach Zustellung bei der Hauptwahlkommission einzubringen. Die Hauptwahlkommission hat innerhalb einer Woche über die Berufung zu entscheiden. Die Hauptwahlkommission hat ihre Entscheidung der Kreiswahlkommission, dem Einspruchswerber und der vom Einspruch betroffenen Person zuzustellen.

(8) Die Kreiswahlkommissionen haben erforderliche Richtigstellungen und Ergänzungen der Wählerlisten auf Grund von rechtskräftigen Entscheidungen im Einspruchsverfahren unverzüglich vorzunehmen. Bei jeder Richtigstellung oder Ergänzung der Wählerlisten ist ein Hinweis auf die diesbezügliche Entscheidung anzubringen.

(9) Nach Abschluss der Einspruchsverfahren haben die Kreiswahlkommissionen die Wählerlisten abzuschließen und jenen aktiv Wahlberechtigten, denen Ausfertigungen der Wählerlisten gemäß Abs. 2 ausgefolgt wurden, die vorgenommenen Richtigstellungen und Ergänzungen der Wählerlisten bekanntzugeben. Die abgeschlossenen Wählerlisten sind der Wahl zugrunde zu legen.

Wahlvorschläge

§ 206. (1) Die Wählergruppen haben ihre Wahlvorschläge spätestens bis 16 Uhr des Tages, welcher fünf Wochen vor dem Wahltag liegt, schriftlich bei der Hauptwahlkommission einzubringen. Der Empfang des Wahlvorschlages ist unter Angabe der Zeit der Empfangnahme zu bestätigen.

(2) Die Wahlvorschläge müssen von mindestens fünf aktiv Wahlberechtigten, jedenfalls aber von einem Prozent der aktiv Wahlberechtigten, abgerundet auf eine volle Zahl, des betreffenden Wahlkreises durch deren Unterschrift unterstützt werden. Hat eine Wählergruppe in vier Wahlkreisen die erforderliche Zahl von Unterstützungsunterschriften nachgewiesen, so ist sie berechtigt, für die übrigen Wahlkreise Wahlvorschläge ohne Unterstützungsunterschriften einzubringen. Wird ein Wahlvorschlag von mindestens drei

Mitgliedern des Kammertages durch deren Unterschrift unterstützt, ersetzt dies die erforderlichen Unterstützungserklärungen durch die Wahlberechtigten. Eine Wählergruppe, deren Wahlvorschlag für einen Wahlkreis von zumindest drei Mitgliedern des Kammertages unterstützt wird, ist berechtigt, für die übrigen Wahlkreise Wahlvorschläge ohne Unterstützungserklärungen einzubringen. Mitglieder des Kammertages sind zur Unterstützung nur eines Wahlvorschlages berechtigt.

(3) Die Wahlvorschläge haben nicht weniger Wahlwerber als ein Drittel, aufgerundet auf die nächsthöhere ganze Zahl, und nicht mehr Wahlwerber als das Doppelte der Zahl der im betreffenden Wahlkreis zu wählenden Mitglieder des Kammertages zu enthalten. Die Zustimmung jedes Wahlwerbers zu seiner Aufnahme in den Wahlvorschlag muss durch seine Unterschrift nachgewiesen werden.

(4) Jeder Wahlvorschlag hat die Bezeichnung der Wählergruppe zu enthalten. Fehlt eine solche Bezeichnung, so ist der Wahlvorschlag nach dem Listenführer, das ist der an erster Stelle vorgeschlagene Wahlwerber, zu benennen. Der Listenführer gilt dann als Zustellungsbevollmächtigter der Wählergruppe, die den Wahlvorschlag eingebracht hat, wenn nicht ein anderer Zustellungsbevollmächtigter im Wahlvorschlag genannt wird. Zustellungsbevollmächtigte müssen aktiv wahlberechtigt sein.

(5) In einem Wahlkreis ist die Aufnahme eines Wahlwerbers nur im Wahlvorschlag einer Wählergruppe zulässig. Ist ein Wahlwerber in einem Wahlkreis in mehreren Wahlvorschlägen verschiedener Wählergruppen enthalten, so ist er von der Hauptwahlkommission aufzufordern, binnen drei Tagen nach Zustellung der Aufforderung eine Erklärung abzugeben, für welche Wählergruppe er kandidiert. Entsprechend seiner fristgerecht abgegebenen Erklärung ist er von den anderen Wahlvorschlägen zu streichen. Wenn er innerhalb der gesetzten Frist keine Erklärung abgibt, ist er von allen Wahlvorschlägen zu streichen.

(6) Die Verbindung von zwei oder mehreren eingebrachten Wahlvorschlägen ist zulässig. Diesbezügliche Erklärungen sind durch die Zustellungsbevollmächtigten der Wählergruppen spätestens bis 16 Uhr des Tages, der vier Wochen vor dem Wahltag liegt, bei der Hauptwahlkommission einzubringen.

Verbindungserklärungen haben die Reihenfolge der Wahlwerber zu enthalten.

(7) Wenn eine Wählergruppe keinen Anspruch auf Zuweisung von Restmandaten im zweiten Ermittlungsverfahren zu erheben beabsichtigt, muss dies der Zustellungsbevollmächtigte im Wahlvorschlag erklären. Andernfalls gelten alle im ersten Ermittlungsverfahren nicht berufenen Kandidaten des Wahlvorschlages als Wahlwerber für das zweite Ermittlungsverfahren.

(8) Die Verbindung von zwei oder mehreren eingebrachten Wahlvorschlägen ist auch für das zweite Ermittlungsverfahren zulässig. Diesbezügliche Erklärungen sind durch die Zustellungsbevollmächtigten der Wählergruppen spätestens bis 16 Uhr des Tages, der vier Wochen vor dem Wahltag liegt, bei der Hauptwahlkommission einzubringen. Eine Reihung der Wahlwerber ist in diesem Fall nicht erforderlich. Es ist jedoch ein gemeinsamer Zustellungsbevollmächtigter namhaft zu machen.

(9) Wird in einem Wahlkreis kein gültiger Wahlvorschlag eingebracht, so sind die in diesem Wahlkreis zu vergebenden Mandate im zweiten Ermittlungsverfahren als Restmandate zuzuteilen.

Prüfung der Wahlvorschläge

§ 207. (1) Die Hauptwahlkommission hat nach Ablauf der Einbringungsfrist die Wahlvorschläge zu prüfen.

(2) Wahlwerber, die nicht die Wählbarkeit besitzen, sind durch die Hauptwahlkommission aus dem Wahlvorschlag zu streichen. Wahlvorschläge, die durch Gleichheit oder Ähnlichkeit der Bezeichnungen zu Verwechslungen führen könnten, sind durch entsprechende Unterscheidungsmerkmale von der Hauptwahlkommission zu ergänzen.

(3) Stellt die Hauptwahlkommission Mängel in einem Wahlvorschlag fest, so sind diese dem jeweiligen Zustellungsbevollmächtigten innerhalb von drei Tagen bekanntzugeben. Gleichzeitig ist der Zustellungsbevollmächtigte aufzufordern, die festgestellten Mängel innerhalb einer von mindestens fünf Tagen zu setzenden Frist zu beheben.

(4) Wahlvorschläge sind nicht zuzulassen, wenn sie
1. verspätet eingebracht wurden oder

2. auch nach Ablauf der Frist zur Mängelbehebung nicht die erforderliche Anzahl an Unterstützungsunterschriften aufweisen oder nicht die erforderliche Anzahl von wählbaren Wahlwerbern enthalten.

(5) Änderungen im Wahlvorschlag oder dessen Zurückziehung sind vom Zustellungsbevollmächtigten der Wählergruppe spätestens bis 16 Uhr des Tages, der vier Wochen vor dem Wahltag liegt, der Hauptwahlkommission schriftlich mitzuteilen. Änderungen im Wahlvorschlag durch Neuaufnahme von Wahlwerbern und die Zurückziehung des Wahlvorschlages müssen vom Zustellungsbevollmächtigten und von mindestens der Hälfte jener Wahlberechtigten, die den Wahlvorschlag durch ihre Unterschrift unterstützt haben, unterschrieben sein.

(6) Wird nur ein gültiger Wahlvorschlag eingebracht oder wird auf Grund eines Übereinkommens aller Wählergruppen eines Wahlkreises ein gemeinsam erstellter gültiger Wahlvorschlag rechtzeitig eingebracht, so hat die Hauptwahlkommission von der Fortsetzung des Wahlverfahrens für diesen Wahlkreis abzusehen und die Wahlwerber dieses Wahlvorschlages durch Verlautbarung für gewählt zu erklären.

Kundmachung der Wahlvorschläge

§ 208. (1) Die Hauptwahlkommission hat die von ihr zugelassenen Wahlvorschläge unverzüglich, spätestens jedoch 15 Tage vor dem Wahltag, kundzumachen. Die Kundmachung hat im Amtsblatt der Kammer der Wirtschaftstreuhänder zu erfolgen.

(2) In der Kundmachung der Wahlvorschläge hat sich die Reihenfolge der Wählergruppe, die im zuletzt gewählten Kammertag, wenn auch im Rahmen einer Verbindung mit anderen Wählergruppen oder unter einer anderen Bezeichnung, vertreten sind, nach der Zahl der bei der letzten Wahl ermittelten Stimmen zu richten. Ist diese Zahl gleich, so hat die Hauptwahlkommission die Reihenfolge durch Los zu ermitteln. Die übrigen Wählergruppen sind in der Reihenfolge der Zeitpunkte der Einbringung ihrer Wahlvorschläge zu reihen.

Wahlkuvert – Stimmzettel – Stimmabgabe

§ 209. (1) Die amtlichen Wahlkuverts und die amtlichen Stimmzettel sind auf Anordnung der Hauptwahlkommission oder der Kreiswahlkommissionen entsprechend der Zahl der Wahlberechtigten zusätzlich einer Reserve von 20 Prozent herzustellen.

(2) Der amtliche Stimmzettel hat für jede Wählergruppe, deren Wahlvorschlag für den betreffenden Wahlkreis zugelassen worden ist, eine gleich große Zeile vorzusehen. Diese Zeile hat die Listennummer, einen Kreis und die Bezeichnung der Wählergruppe einschließlich einer allfälligen Kurzbezeichnung zu enthalten. Die Reihenfolge der Wählergruppen auf dem amtlichen Stimmzettel hat der Reihenfolge in der Kundmachung der Wahlvorschläge zu entsprechen.

(3) Die Kreiswahlkommissionen haben allen laut abgeschlossener Wählerliste ihres Wahlkreises aktiv Wahlberechtigten fünfzehn Tage vor dem Wahltag ein amtliches Kuvert und einen amtlichen Stimmzettel mit eingeschriebenem Brief zuzusenden.

(4) Jeder Wahlberechtigte hat durch Übermittlung des geschlossenen, den amtlichen Stimmzettel enthaltenden amtlichen Wahlkuverts an die Kreiswahlkommission, in deren Wählerliste er eingetragen ist, sein Wahlrecht auszuüben. Bei Verwendung eines anderen als des amtlichen Wahlkuverts ist die abgegebene Stimme ungültig.

(5) Das amtliche Wahlkuvert ist der zuständigen Kreiswahlkommission vom Wahlberechtigten entweder durch die Post, persönlich oder durch einen Boten zu übermitteln. Bei der Übermittlung durch die Post hat der Wahlberechtigte dafür Sorge zu tragen, dass jegliche Postvermerke und sonstige handschriftliche Aufzeichnungen auf dem Wahlkuvert durch eine entsprechende Umhüllung vermieden werden. Die Übersendung durch die Post erfolgt auf Kosten und Gefahr des Wahlberechtigten. Das amtliche Wahlkuvert muss bis zum Wahlschluss bei der zuständigen Kreiswahlkommission eingelangt sein. Die Kreiswahlkommissionen sind verpflichtet, dem Wähler oder dessen Boten auf Verlangen die Übernahme des Wahlkuverts zu bestätigen.

(6) Die Kreiswahlkommission hat die bei ihr eingelangten Wahlkuverts zu sammeln und für deren sichere und geordnete Verwahrung bis zum Wahltag zu sorgen. Auskünfte über bereits eingelangte Wahlkuverts oder Aufforderungen zur Stimmabgabe auf Grund der Kenntnis bereits eingelangter Wahlkuverts sind untersagt.

(7) Die Stimmabgabe ist nur mit dem amtlichen Stimmzettel zulässig. Enthält ein Wahlkuvert mehrere gültig ausgefüllte Stimmzettel, so sind alle abgegebenen Stimmen ungültig, wenn für verschiedene Wählergruppen gestimmt worden ist. Enthält ein Wahlkuvert mehrere gültig ausgefüllte Stimmzettel, so sind alle Stimmen als eine Stimme zu zählen, wenn alle abgegebenen gültigen Stimmen der gleichen Wählergruppe zuzuzählen wären.

(8) Der amtliche Stimmzettel ist nur dann gültig, wenn eindeutig zu erkennen ist, welche Wählergruppe der Wähler wählen wollte. Leere Wahlkuverts sind als ungültige Stimmen zu zählen.

(9) Im Falle der Durchführung der Wahl auf elektronischem Weg hat der elektronische Stimmzettel den Anforderungen des Abs. 2 zu entsprechen.

Abstimmungsverfahren

§ 210. (1) Die Kreiswahlkommission hat am Wahltag zur Entgegennahme von Wahlkuverts, sofern die Wahl nicht auf elektronischem Weg durchgeführt wird, und zur Feststellung des Abstimmungsergebnisses im Wahlkreis in dem in der Wahlkundmachung festgesetzten Zeitraum zusammenzutreten.

(2) Im Amtsraum der Kreiswahlkommission müssen sich befinden:

1. die Wählerliste des Wahlkreises,

2. ein Abstimmungsverzeichnis,

3. eine Wahlzelle und

4. eine Wahlurne.

(3) Bei jedem am Wahltag persönlich überbrachten Wahlkuvert ist zu überprüfen, ob der aus dem Anhängeabschnitt des Wahlkuverts ersichtliche Wähler in der Wählerliste des Wahlkreises eingetragen ist. Ist der Wähler in die Wählerliste des Wahlkreises eingetragen, so ist er dort zu streichen und in das Abstimmungsverzeichnis einzutragen. Im Anschluss daran hat der Vorsitzende der Kreiswahlkommission das Anhängeblatt vom Wahlkuvert abzutrennen und zum Wahlakt zu nehmen. Das Wahlkuvert ist in geschlossenem Zustand in die Wahlurne zu legen.

(4) Ist der Wähler nicht im Besitz des amtlichen Wahlkuverts oder des amtlichen Stimmzettels, so hat er der Kreiswahlkommission seine Identität nachzuweisen. Ist der

Wähler in die Wählerliste des Wahlkreises eingetragen, so ist er dort zu streichen und in das Abstimmungsverzeichnis einzutragen. Im Anschluss daran hat ihm der Vorsitzende der Kreiswahlkommission ein leeres amtliches Wahlkuvert und einen amtlichen Stimmzettel zu übergeben. Der Wähler hat dann in der Wahlzelle den amtlichen Stimmzettel auszufüllen, in das amtliche Wahlkuvert zu legen und dieses zu verschließen. Das amtliche Wahlkuvert ist sodann dem Vorsitzenden der Kreiswahlkommission zu übergeben. Im Anschluss daran hat der Vorsitzende der Kreiswahlkommission das Anhängeblatt vom Wahlkuvert abzutrennen und zum Wahlakt zu nehmen. Das Wahlkuvert ist in geschlossenem Zustand in die Wahlurne zu legen. Ist dem Wähler bei der Ausfüllung des amtlichen Stimmzettels ein Irrtum unterlaufen und begehrt er die Aushändigung eines weiteren amtlichen Stimmzettels, so hat der Vorsitzende der Kreiswahlkommission ihm einen weiteren amtlichen Stimmzettel auszuhändigen. Der dem Wähler zuerst ausgehändigte Stimmzettel ist vor der Kreiswahlkommission durch Zerreißen unbrauchbar zu machen.

(5) Bei allen anderen durch die Post oder durch Boten übermittelten Wahlkuverts ist nach Abschluss der Stimmabgaben gemäß Abs. 3 und 4 zu überprüfen, ob der aus dem Anhängeabschnitt des Wahlkuverts ersichtliche Wähler in der Wählerliste des Wahlkreises eingetragen ist. Ist der Wähler in die Wählerliste des Wahlkreises eingetragen, so ist er dort zu streichen und in das Abstimmungsverzeichnis einzutragen. Im Anschluss daran hat der Vorsitzende der Kreiswahlkommission das Anhängeblatt vom Wahlkuvert abzutrennen und zum Wahlakt zu nehmen. Das Wahlkuvert ist in geschlossenem Zustand in die Wahlurne zu legen.

(6) Haben Wahlberechtigte ihr Wahlrecht gemäß Abs. 4 ausgeübt und zusätzlich auch ein Wahlkuvert durch die Post oder durch einen Boten übermittelt, so ist das durch die Post oder durch einen Boten übermittelte Wahlkuvert ungeöffnet mit dem Vermerk „Wahlrecht persönlich ausgeübt" zu den Wahlakten zu legen.

(7) Im Falle der Durchführung der Wahl auf elektronischem Weg sind die Abs. 3 bis 6 mit der Maßgabe anzuwenden, dass an die Stelle der Stimmabgabe mittels amtlichen Wahlkuverts die Stimmabgabe auf elektronischem Weg tritt. Die näheren Bestimmungen hat die Wahlordnung zu treffen.

Stimmenzählung

§ 211. (1) Nach Abschluss des Abstimmungsverfahrens hat die Kreiswahlkommission die in der Wahlurne befindlichen Wahlkuverts zu mischen. Im Anschluss daran ist die Wahlurne zu entleeren und die Anzahl der vorhandenen Wahlkuverts festzustellen. Sodann sind diese zu öffnen und es ist festzustellen, in wie vielen Wahlkuverts kein Stimmzettel enthalten ist. In der Folge sind zunächst die gültigen und ungültigen Stimmen zu ermitteln, und sodann ist zu ermitteln, auf welche einzelnen Wahlvorschläge die gültigen Stimmen entfallen.

(2) Die Kreiswahlkommissionen haben über das Abstimmungsverfahren und die Stimmenzählung Protokoll zu führen und das Abstimmungsergebnis zu beurkunden.

(3) Die Wahlakten der Kreiswahlkommissionen sind unverzüglich an die Hauptwahlkommission zu übermitteln. Noch vor Übermittlung der Wahlakte ist der Hauptwahlkommission das Abstimmungsergebnis vorläufig bekanntzugeben.

(4) Im Falle der Durchführung der Wahl auf elektronischem Weg ist Abs. 1 mit der Maßgabe anzuwenden, dass an die Stelle der Stimmabgabe mittels amtlichen Wahlkuverts die Stimmabgabe auf elektronischem Weg tritt. Die näheren Bestimmungen hat die Wahlordnung zu treffen.

Ermittlungsverfahren

§ 212. (1) Die Hauptwahlkommission hat auf Grund der Wahlergebnisse für jeden Wahlkreis die auf die einzelnen Wahlvorschläge entfallenden Mandate zu ermitteln.

(2) Die Wahlzahl für das erste Ermittlungsverfahren ist der Quotient aus der Gesamtsumme der im Wahlkreis für die einzelnen Wahlvorschläge abgegebenen gültigen Stimmen und der Zahl der im Wahlkreis zu vergebenden Mandate. Die Wahlzahl ist auf die nächsthöhere ganze Zahl aufzurunden.

(3) Im ersten Ermittlungsverfahren erhält jede Wählergruppe so viele Mandate, als die Wahlzahl gemäß Abs. 2 in den für sie abgegebenen Stimmen enthalten ist.

(4) Mandate, die bei der Verteilung im ersten Ermittlungsverfahren innerhalb des Wahlkreises nicht vergeben werden konnten, und abgegebene gültige Stimmen, die für die Zuteilung eines oder eines weiteren Mandates an eine Wählergruppe nicht ausreichten, sind im zweiten

Ermittlungsverfahren für den Wahlkreisverband bei jenen Wählergruppen zu berücksichtigen, die Anspruch auf Zuteilung von Restmandaten im zweiten Ermittlungsverfahren haben. Anspruch auf die Zuweisung von Restmandaten haben nur jene Wählergruppen, die im ersten Ermittlungsverfahren zumindest in einem Wahlkreis ein Mandat erreicht haben.

(5) Die Wahlzahl für das zweite Ermittlungsverfahren wird ermittelt, indem die Summe der auf jene Wählergruppen, die im zweiten Ermittlungsverfahren Anspruch auf die Zuteilung von Restmandaten haben, entfallenden Reststimmen nach ihrer Größe geordnet nebeneinander geschrieben werden. Unter diese Summen ist jeweils ihre Hälfte, unter diese jeweils ihr Drittel, ihr Viertel usw. zu schreiben. Als Wahlzahl gilt bei einem zu vergebenden Restmandat die größte, bei zwei Restmandaten die zweitgrößte, bei drei Restmandaten die drittgrößte usw. Zahl der angeschriebenen Zahlen.

(6) Im zweiten Ermittlungsverfahren erhält jede Wählergruppe so viele Restmandate, als die Wahlzahl gemäß Abs. 5 in ihrer Reststimmensumme enthalten ist. Haben zwei Wählergruppen auf ein Restmandat den gleichen Anspruch, so hat das Los zu entscheiden.

(7) Die Hauptwahlkommission hat so viele Wahlwerber, als der entsprechenden Wählergruppe im ersten Ermittlungsverfahren Mandate zukommen, entsprechend ihrer Reihung im Wahlvorschlag als gewählt zu erklären. Ist ein Wahlwerber in mehreren Wahlkreisen gewählt, so hat er binnen einer Woche nach Verständigung der Hauptwahlkommission zu erklären, für welchen Wahlkreis er sich entscheidet. Gibt er innerhalb dieser Frist keine Erklärung ab, so hat die Hauptwahlkommission darüber zu entscheiden.

(8) Erhalten Wählergruppen auf Grund des zweiten Ermittlungsverfahrens Restmandate, so sind die Zustellungsbevollmächtigten der betreffenden Wählergruppen aufzufordern, der Hauptwahlkommission binnen einer Woche mitzuteilen, welchen Wahlwerbern die Restmandate zukommen. Diese sind von der Hauptwahlkommission als gewählt zu erklären.

(9) Wurde im ersten Ermittlungsverfahren in einem Wahlkreis kein Mandat vergeben, so hat der Zustellungsbevollmächtigte jener Wählergruppe, die in diesem Wahlkreis die meisten Stimmen auf sich vereinigt hat,

einen Wahlwerber des betreffenden Wahlkreises für ein Restmandat gemäß Abs. 8 namhaft zu machen.

Einspruchsverfahren

§ 213. (1) Die Zustellungsbevollmächtigten haben das Recht, gegen das Ergebnis des Ermittlungsverfahrens Einspruch zu erheben. Der Einspruch ist binnen einer Woche nach Zustellung der Verständigung über das Ergebnis des Ermittlungsverfahrens bei der Hauptwahlkommission schriftlich einzubringen. Der Einspruch hat eine Begründung zu enthalten.

(2) Die Hauptwahlkommission hat auf Grund der Wahlakte das Ergebnis der Wahlen zu überprüfen. Allfällige Unrichtigkeiten sind unverzüglich zu beseitigen.

(3) Die Hauptwahlkommission hat die Wahl für ungültig zu erklären, wenn wesentliche Bestimmungen des Wahlverfahrens verletzt wurden, bei deren Einhaltung das Wahlergebnis voraussichtlich ein anderes gewesen wäre. Gleichzeitig mit einer Ungültigerklärung hat die Hauptwahlkommission zu bestimmen, welche Teile der Wahl zu wiederholen sind.

(4) Ein Einspruch ist abzuweisen, wenn weder Gründe für eine Richtigstellung noch für eine Ungültigerklärung vorliegen.

Verständigung

§ 214. (1) Die Hauptwahlkommission hat jeden zum Kammertag gewählten Wahlwerber über die erfolgte Wahl zu verständigen.

(2) Die Hauptwahlkommission hat nach erfolgter Wahl das Ergebnis der Wahlen in den Kammertag und die Namen der neu gewählten Mitglieder des Kammertages im Amtsblatt der Kammer der Wirtschaftstreuhänder zu verlautbaren.

Nachbesetzung

§ 215. (1) Scheidet während der Funktionsperiode des Kammertages ein Mitglied aus, so ist der in der Reihenfolge nach nächste, nicht berufene Wahlwerber des Wahlvorschlages, dem das ausgeschiedene Mitglied angehört hat, einzuberufen.

(2) Wenn ein Wahlvorschlag keine weiteren Wahlwerber enthält, so ist der Zustellungsbevollmächtigte des betreffenden Wahlvorschlages schriftlich aufzufordern, binnen zwei

Wochen einen Kandidaten zu nominieren. Die Hauptwahlkommission hat den nominierten Kandidaten einzuberufen, wenn dieser am Tag der schriftlichen Aufforderung die Wählbarkeit besessen hat.

(3) Scheidet während der Funktionsperiode des Kammertages ein Mitglied aus und handelt es sich hierbei um ein Mitglied, das auf Grund eines Restmandates gewählt wurde, so ist der Zustellungsbevollmächtigte der betreffenden Wählergruppe aufzufordern, der Hauptwahlkommission binnen zwei Wochen einen Kandidaten zu nominieren. Die Hauptwahlkommission hat den nominierten Kandidaten einzuberufen, wenn dieser am Tag der schriftlichen Aufforderung die Wählbarkeit besessen hat.

(4) Die Hauptwahlkommission hat nach erfolgter Nachbesetzung den Namen des neuen Mitgliedes des Kammertages im Amtsblatt der Kammer der Wirtschaftstreuhänder zu verlautbaren.

Konstituierung des Kammertages

§ 216. (1) Der Präsident der Kammer der Wirtschaftstreuhänder hat die neu gewählten Mitglieder des Kammertages unter Bekanntgabe des Ortes und der Zeit schriftlich zur konstituierenden Sitzung des Kammertages einzuberufen.

(2) Die konstituierende Sitzung des Kammertages ist binnen zwei Wochen nach Verlautbarung des Wahlergebnisses im Amtsblatt der Kammer der Wirtschaftstreuhänder einzuberufen. Hat jedoch ein Einspruchsverfahren stattgefunden, so ist die konstituierende Sitzung binnen zwei Wochen nach dessen Beendigung einzuberufen.

(3) Der Kammertag ist bei seiner konstituierenden Sitzung beschlussfähig, wenn mindestens zwei Drittel der Mitglieder anwesend sind. Wird diese Anzahl zur festgesetzten Stunde nicht erreicht, so hat zwei Stunden später am selben Ort eine Ersatzsitzung stattzufinden, die ohne Rücksicht auf die Zahl der erschienenen Mitglieder beschlussfähig ist, sofern in der Einladung ausdrücklich auf diese Bestimmung hingewiesen wurde.

(4) Die konstituierende Sitzung ist von dem an Jahren ältesten Mitglied des Kammertages zu leiten.

(5) Der Kammertag hat in seiner konstituierenden Sitzung die Mitglieder und die Ersatzmitglieder des Vorstandes zu wählen.

3. Abschnitt
Wahl des Vorstandes

Funktionsperiode des Vorstandes

§ 217. (1) Der Vorstand hat eine fünfjährige Funktionsperiode.

(2) Die Funktionsperiode des Vorstandes beginnt mit dem Tag seiner konstituierenden Sitzung. Die Funktionsperiode endet mit dem Zusammentritt des neu gewählten Vorstandes zu seiner konstituierenden Sitzung.

Leitung

§ 218. Die Wahl des Vorstandes ist vom Vorsitzenden der Hauptwahlkommission zu leiten.

Wahlrecht

§ 219. (1) Aktiv wahlberechtigt sind alle bei der konstituierenden Sitzung anwesenden Mitglieder des Kammertages.

(2) Wählbar sind alle natürlichen ordentlichen Mitglieder der Kammer der Wirtschaftstreuhänder, die

1. am Tag der Wahlausschreibung bereits mindestens ein Jahr der Kammer der Wirtschaftstreuhänder als ordentliche Mitglieder angehört haben und
2. die österreichische Staatsbürgerschaft besitzen.

(3) Die Mitglieder des Vorstandes müssen nicht Mitglieder des Kammertages sein.

Wahlvorschläge

§ 220. (1) Der Vorsitzende der Hauptwahlkommission hat zu Beginn der konstituierenden Sitzung des Kammertages die im Kammertag vertretenen Wählergruppen aufzufordern, einen bevollmächtigten Vertreter zu nominieren.

(2) Die bevollmächtigten Vertreter der Wählergruppen haben in der Reihenfolge ihrer bei den Wahlen erreichten Stärke ihre Kandidaten für den Vorstand zu nennen und einen schriftlichen Wahlvorschlag zu erstatten.

(3) Die Wahlvorschläge müssen so viele Kandidaten und Ersatzkandidaten enthalten, als dem auf eine volle Zahl aufgerundeten Fünftel der Mitglieder der Wählergruppe im Kammertag entsprechen. Gleichzeitig mit der Erstattung der Wahlvorschläge ist die schriftliche Zustimmungserklärung der Kandidaten vorzulegen.

(4) Für jedes Mitglied des Vorstandes ist ein Ersatzmitglied der gleichen Berufsgruppe zu wählen. Doppelkandidaturen innerhalb eines Wahlvorschlages sind unzulässig. Die Ersatzmitglieder der nicht dem Wahlkreis Wien angehörenden Vertreter dürfen gleichfalls nicht dem Wahlkreis Wien angehören.

(5) Wählergruppen sind berechtigt, sich zur Erstattung eines Wahlvorschlages für die Wahl des Vorstandes zusammenzuschließen. Die Stärke des Zusammenschlusses bestimmt sich in diesem Fall aus der Summe der auf seine Wählergruppen entfallenden Mandate im Kammertag.

Wahlverfahren

§ 221. (1) Der Vorsitzende der Hauptwahlkommission hat leere Stimmzettel und leere Wahlkuverts zu verteilen. Hierauf hat er die Kammertagsmitglieder zur Abgabe ihrer Stimme aufzurufen.

(2) Die Mitglieder des Kammertages haben in einer Wahlzelle auf dem Stimmzettel den Wahlvorschlag zu bezeichnen, den Stimmzettel in das leere Wahlkuvert zu legen und das Wahlkuvert dem Vorsitzenden der Hauptwahlkommission zu übergeben.

(3) Der Vorsitzende der Hauptwahlkommission hat nach Beendigung des Abstimmungsverfahrens das Abstimmungsergebnis, die Wahlzahl und die auf die Wählergruppen entfallenden Mandate zu ermitteln und bekanntzugeben.

(4) Die Wahlzahl wird ermittelt, indem die Summe der auf die Wählergruppen entfallenen Stimmen nach ihrer Größe geordnet nebeneinander geschrieben werden. Unter diese Summen ist jeweils ihre Hälfte, unter diese jeweils ihr Drittel, ihr Viertel usw. zu schreiben. Als Wahlzahl gilt die elftgrößte Zahl der angeschriebenen Zahlen. Jede Wählergruppe erhält so viele Mandate, als die Wahlzahl in ihrer Stimmensumme enthalten ist. Haben zwei Wählergruppen auf ein Mandat den gleichen Anspruch, so hat das Los zu entscheiden.

(5) Der Vorsitzende der Hauptwahlkommission hat so viele Kandidaten, wie der entsprechenden Wählergruppe im Ermittlungsverfahren Mandate zukommen, entsprechend ihrer Reihung im Wahlvorschlag als gewählt zu erklären.

(6) Ergibt die durchgeführte Wahl eine Zusammensetzung des Vorstandes, die nicht dem § 157 Abs. 2 entspricht, so ist die Wahl ungültig und so oft zu wiederholen, bis die Zusammensetzung des Vorstandes dieser Bestimmung entspricht.

(7) Die gewählten Mitglieder des Vorstandes haben, wenn sie anwesend sind, dem Vorsitzenden der Hauptwahlkommission sofort zu erklären, ob sie die Wahl annehmen. Im Fall ihrer Abwesenheit haben sie diese Erklärung binnen drei Tagen nach schriftlicher Aufforderung des Vorsitzenden der Hauptwahlkommission abzugeben. Im Fall der Ablehnung ist die Wahlhandlung ohne Verzug fortzusetzen.

(8) Das Ergebnis der Wahl der Mitglieder des Vorstandes ist im Amtsblatt der Kammer der Wirtschaftstreuhänder zu verlautbaren.

Einspruchsverfahren

§ 222. (1) Die bevollmächtigten Vertreter der Wählergruppen haben das Recht, gegen das Ergebnis des Ermittlungsverfahrens Einspruch zu erheben. Der Einspruch ist binnen einer Woche nach Zustellung der Verständigung über das Ergebnis des Ermittlungsverfahrens bei der Hauptwahlkommission schriftlich einzubringen. Der Einspruch hat eine Begründung zu enthalten.

(2) Die Hauptwahlkommission hat auf Grund der Wahlakte das Ergebnis der Wahlen zu überprüfen. Allfällige Unrichtigkeiten sind unverzüglich zu beseitigen.

(3) Die Hauptwahlkommission hat die Wahl für ungültig zu erklären, wenn wesentliche Bestimmungen des Wahlverfahrens verletzt wurden, bei deren Einhaltung das Wahlergebnis voraussichtlich ein anderes gewesen wäre. Gleichzeitig mit einer Ungültigerklärung hat die Hauptwahlkommission zu bestimmen, welche Teile der Wahl zu wiederholen sind.

(4) Ein Einspruch ist abzuweisen, wenn weder Gründe für eine Richtigstellung noch für eine Ungültigerklärung vorliegen.

Nachbesetzung

§ 223. (1) Scheidet während der Funktionsperiode des Vorstandes ein Mitglied aus, so hat an seine Stelle das für ihn gewählte Ersatzmitglied zu treten.

(2) Ist ein gewähltes Ersatzmitglied nicht mehr vorhanden, so hat der Vorsitzende der Hauptwahlkommission den bevollmächtigten Vertreter der Wählergruppe, welcher der Ausgeschiedene angehört hat, schriftlich aufzufordern, binnen zwei Wochen einen Kandidaten zu nominieren. Der Vorsitzende der Hauptwahlkommission hat den nominierten Kandidaten einzuberufen, wenn dieser am Tag der schriftlichen Aufforderung die Wählbarkeit besessen hat.

(3) Das gewählte Ersatzmitglied oder die gemäß Abs. 2 bestellten Kandidaten haben auch dann an die Stelle des gewählten Vorstandsmitgliedes zu treten, wenn dieses verhindert ist, seine Funktion als Vorstandsmitglied auszuüben. Die rechtzeitige Verständigung des Ersatzmitgliedes obliegt dem verhinderten Vorstandsmitglied.

(4) Der Vorsitzende der Hauptwahlkommission hat nach erfolgter Nachbesetzung den Namen des neuen Mitgliedes des Vorstandes im Amtsblatt der Kammer der Wirtschaftstreuhänder zu verlautbaren.

Konstituierung des Vorstandes

§ 224. (1) Der Präsident der Kammer der Wirtschaftstreuhänder hat die neu gewählten Mitglieder des Vorstandes unter Bekanntgabe des Ortes und der Zeit schriftlich zur konstituierenden Sitzung einzuberufen.

(2) Die konstituierende Sitzung des Vorstandes ist binnen zwei Wochen nach Verlautbarung des Wahlergebnisses im Amtsblatt der Kammer der Wirtschaftstreuhänder einzuberufen. Hat jedoch ein Einspruchsverfahren stattgefunden, so ist die konstituierende Sitzung binnen zwei Wochen nach dessen Beendigung einzuberufen.

(3) Der Vorstand ist bei seiner konstituierenden Sitzung beschlussfähig, wenn mindestens acht Mitglieder anwesend sind. Wird diese Anzahl zur festgesetzten Stunde nicht erreicht, so hat zwei Stunden später am selben Ort eine Ersatzsitzung stattzufinden, die ohne Rücksicht auf die Zahl der erschienenen Mitglieder beschlussfähig ist, sofern in der Einladung ausdrücklich auf diese Bestimmung hingewiesen wurde.

(4) Die konstituierende Sitzung ist von dem an Jahren ältesten Mitglied des Vorstandes zu leiten.

(5) Der Vorstand hat in der konstituierenden Sitzung die Mitglieder des Präsidiums zu wählen.

4. Abschnitt
Wahl des Präsidiums

Funktionsperiode des Präsidiums

§ 225. (1) Das Präsidium und seine Mitglieder haben eine fünfjährige Funktionsperiode.

(2) Die Funktionsperiode beginnt mit dem Tag der Wahl des Präsidiums. Die Funktionsperiode endet mit dem Tag der Neuwahl des Präsidiums.

Leitung

§ 226. Die Wahl der Mitglieder des Präsidiums ist vom Vorsitzenden der Hauptwahlkommission zu leiten.

Wahlrecht

§ 227. (1) Aktiv wahlberechtigt sind alle bei der konstituierenden Sitzung anwesenden Mitglieder des Vorstandes.

(2) Wählbar sind ausschließlich gewählte Mitglieder des Vorstandes.

(3) Zum Präsidenten ist nicht mehr wählbar, wer unmittelbar vorher zwei volle Amtsperioden bereits Präsident der Kammer der Wirtschaftstreuhänder war.

Wahlvorschläge

§ 228. (1) Der Wahlleiter hat zu Beginn der konstituierenden Sitzung des Vorstandes die im Vorstand vertretenen Wählergruppen aufzufordern, einen bevollmächtigten Vertreter zu nominieren.

(2) Die bevollmächtigten Vertreter der Wählergruppen haben in der Reihenfolge ihrer bei den Wahlen erreichten Stärke ihre Kandidaten für das Präsidium zu nennen und einen schriftlichen Wahlvorschlag zu erstatten.

(3) Die Wahlvorschläge müssen so viele Kandidaten und Ersatzkandidaten enthalten, als der auf eine volle Zahl aufgerundeten Hälfte der Mitglieder der Wählergruppe im Vorstand entspricht. Gleichzeitig mit der Erstattung der

Wahlvorschläge ist die schriftliche Zustimmungserklärung der Kandidaten vorzulegen.

(4) Wählergruppen sind berechtigt, sich zur Erstattung eines Wahlvorschlages für die Wahl der Mitglieder des Präsidiums zusammenzuschließen. Die Stärke des Zusammenschlusses ergibt sich in diesem Fall aus der Summe der auf seine Wählergruppen entfallenden Mandate im Vorstand.

Wahlverfahren

§ 229. (1) Der Wahlleiter hat leere Stimmzettel und leere Wahlkuverts zu verteilen. Hierauf hat er die Vorstandsmitglieder zur Abgabe ihrer Stimme aufzurufen.

(2) Die Mitglieder des Vorstandes haben in einer Wahlzelle auf dem Stimmzettel den Wahlvorschlag zu bezeichnen, den Stimmzettel in das leere Wahlkuvert zu legen und das Wahlkuvert dem Wahlleiter zu übergeben.

(3) Der Vorsitzende der Hauptwahlkommission hat nach Beendigung des Abstimmungsverfahrens das Abstimmungsergebnis, die Wahlzahl und die auf die Wählergruppen entfallenden Mandate zu ermitteln und bekanntzugeben.

(4) Die Wahlzahl wird ermittelt, indem die Summe der auf die Wählergruppen entfallenen Stimmen nach ihrer Größe geordnet nebeneinander geschrieben werden. Unter diese Summen ist jeweils ihre Hälfte, unter diese jeweils ihr Drittel, ihr Viertel usw. zu schreiben. Als Wahlzahl gilt die der Anzahl der Mitglieder des Präsidiums entsprechend größte Zahl der angeschriebenen Zahlen. Jede Wählergruppe erhält so viele Mandate, als die Wahlzahl in ihrer Stimmensumme enthalten ist. Haben zwei Wählergruppen auf ein Mandat den gleichen Anspruch, so hat das Los zu entscheiden.

(5) Der Vorsitzende der Hauptwahlkommission hat so viele Kandidaten, als der betreffenden Wählergruppe im Ermittlungsverfahren Mandate zukommen, entsprechend ihrer Reihung im Wahlvorschlag als gewählt zu erklären. Zum Präsidenten ist jenes Vorstandsmitglied gewählt, das an erster Stelle jenes Wahlvorschlages steht, der die meisten Stimmen auf sich vereinigt.

(6) Die gewählten Mitglieder des Vorstandes haben die Annahme ihrer Wahl bei ihrer Anwesenheit dem Wahlleiter sofort zu erklären. Im Fall ihrer Abwesenheit haben sie die

Annahme ihrer Wahl binnen drei Tagen nach schriftlicher Aufforderung des Wahlleiters zu erklären. Im Fall der Ablehnung ist die Wahlhandlung ohne Verzug fortzusetzen.

(7) Das Ergebnis der Wahl der Mitglieder des Präsidiums ist im Amtsblatt der Kammer der Wirtschaftstreuhänder zu verlautbaren.

Einspruchsverfahren

§ 230. (1) Die bevollmächtigten Vertreter der Wählergruppen haben das Recht, gegen das Ergebnis des Ermittlungsverfahrens Einspruch zu erheben. Der Einspruch ist binnen einer Woche nach Zustellung der Verständigung über das Ergebnis des Ermittlungsverfahrens bei der Hauptwahlkommission schriftlich einzubringen. Der Einspruch hat eine Begründung zu enthalten.

(2) Die Hauptwahlkommission hat auf Grund der Wahlakte das Ergebnis der Wahlen zu überprüfen. Allfällige Unrichtigkeiten sind unverzüglich zu beseitigen.

(3) Die Hauptwahlkommission hat die Wahl für ungültig zu erklären, wenn wesentliche Bestimmungen des Wahlverfahrens verletzt wurden, bei deren Einhaltung das Wahlergebnis voraussichtlich ein anderes gewesen wäre. Gleichzeitig mit einer Ungültigerklärung hat die Hauptwahlkommission zu bestimmen, welche Teile der Neuwahl zu wiederholen sind.

(4) Ein Einspruch ist abzuweisen, wenn weder Gründe für eine Richtigstellung noch für eine Ungültigerklärung vorliegen.

Übernahme der Amtsgeschäfte

§ 231. Unmittelbar nach durchgeführter Wahl der Mitglieder des Präsidiums hat die Übergabe der Amtsgeschäfte an den neu gewählten Präsidenten zu erfolgen.

Nachbesetzung

§ 232. (1) Scheidet der Präsident oder ein Vizepräsident während der Funktionsperiode aus, so hat der Vorstand innerhalb von drei Monaten für die Funktion des Ausgeschiedenen eine Neuwahl entsprechend den Bestimmungen dieses Abschnitts vorzunehmen. Die Erstattung eines Wahlvorschlages ist in diesem Fall nur seitens jener Wählergruppe zulässig, welcher der Ausgeschiedene angehört hat.

(2) Scheiden der Präsident und alle Vizepräsidenten aus, so hat das an Jahren älteste nicht verhinderte Mitglied des Vorstandes die Aufgaben des Präsidiums und seiner Mitglieder wahrzunehmen.

5. Abschnitt
Sonstige Wahlbestimmungen

Fristenlauf

§ 233. Für die Berechnung und den Lauf der im zweiten Hauptstück vorgesehenen Fristen gelten die §§ 32 und 33 AVG.

Zustellungen

§ 234. Auf die Zustellung von Schriftstücken an die bevollmächtigten Vertreter von Wählergruppen und von verbundenen Wahlvorschlägen ist § 16 Abs. 5 ZustG nicht anzuwenden.

4. Teil
Übergangs- Schlussbestimmungen

Sprachliche Gleichbehandlung

§ 235. Soweit in diesem Bundesgesetz auf natürliche Personen bezogene Bezeichnungen nur in männlicher Form angeführt sind, beziehen sie sich auf Frauen und Männer in gleicher Weise. Bei der Anwendung der Bezeichnung auf bestimmte natürliche Personen ist die jeweils geschlechtsspezifische Form zu verwenden.

Verweisungen

§ 236. (1) Soweit in diesem Bundesgesetz auf Bestimmungen anderer Bundesgesetze verwiesen wird, sind diese in ihrer jeweils geltenden Fassung anzuwenden.

(2) Soweit in anderen Rechtsvorschriften des Bundes auf Bestimmungen verwiesen ist, die mit dem Inkrafttreten dieses Bundesgesetzes aufgehoben oder abgeändert werden, erhält die Verweisung ihren Inhalt aus den entsprechenden Bestimmungen dieses Bundesgesetzes.

Erlassen von Verordnungen

§ 237. Verordnungen auf Grund dieses Bundesgesetzes und auf Grund von Änderungen dieses Bundesgesetzes können bereits vom Tag der Kundmachung des jeweiligen Bundesgesetzes an erlassen, jedoch nicht vor diesem in Kraft gesetzt werden.

Inkrafttreten; Außerkrafttreten

§ 238. (1) Mit Inkrafttreten dieses Bundesgesetzes tritt das Wirtschaftstreuhandberufsgesetz, BGBl. I Nr. 58/1999, zuletzt geändert durch das Bundesgesetz BGBl. I Nr. 50/2016, außer Kraft.

(2) Das Inhaltsverzeichnis und § 183 in der Fassung des Materien-Datenschutz-Anpassungsgesetzes 2018, BGBl. I Nr. 32/2018, treten mit 25. Mai 2018 in Kraft. Die Überschrift zu § 238 und § 238 Abs. 1 in der Fassung des genannten Bundesgesetzes treten mit dem auf die Kundmachung folgenden Tag in Kraft. § 96 Abs. 15 und § 100 Abs. 4 treten mit Ablauf des 24. Mai 2018 außer Kraft.

(3) § 87 Abs. 2 Z 18 in der Fassung des Bundesgesetzes BGBl. I Nr. 46/2019 tritt mit 1. Juli 2019 in Kraft.

(4) § 2 Abs. 1 Z 4 in der Fassung des Bundesgesetzes BGBl. I Nr. 104/2019 tritt mit 1. Juli 2020 in Kraft.

(5) § 239a in der Fassung des Bundesgesetzes BGBl. I Nr. 32/2020 tritt mit 31. Dezember 2020 außer Kraft.

(6) § 239a in der Fassung des Bundesgesetzes BGBl. I Nr. 141/2020 tritt mit 1. Jänner 2021 in Kraft und mit 31. Dezember 2021 außer Kraft.

(7) § 239a in der Fassung des Bundesgesetzes BGBl. I Nr. 240/2021 tritt mit 1. Jänner 2022 in Kraft. § 239a Abs. 1 bis Abs. 5 in der Fassung des Bundesgesetzes BGBl. I Nr. 240/2021 treten mit 30. Juni 2022 außer Kraft.

(8) § 239a Abs. 1 bis Abs. 5 in der Fassung des Bundesgesetzes BGBl. I Nr. 113/2022 tritt mit 1. Juli 2022 in Kraft. § 239a Abs. 1 bis Abs. 5 in der Fassung des Bundesgesetzes BGBl. I Nr. 113/2022 treten mit 31. Dezember 2022 außer Kraft.

(9) § 87 in der Fassung des Bundesgesetzes BGBl. I Nr. 150/2024 tritt mit Ablauf des Tages der Kundmachung im Bundesgesetzblatt in Kraft.

Übergangsbestimmungen-
Wirtschaftstreuhandberufsgesetz

§ 239. (1) Steuerberater und Steuerberatungsgesellschaften, die im Zeitpunkt des Inkrafttretens dieses Bundesgesetzes öffentlich bestellt oder anerkannt sind, gelten als Steuerberater oder Steuerberatungsgesellschaften im Sinne dieses Bundesgesetzes.

(2) Wirtschaftsprüfer und Wirtschaftsprüfungsgesellschaften, die im Zeitpunkt des Inkrafttretens dieses Bundesgesetzes öffentlich bestellt oder anerkannt sind, gelten als Wirtschaftsprüfer und als Steuerberater oder als Wirtschaftsprüfungsgesellschaften und als Steuerberatungsgesellschaften im Sinne dieses Bundesgesetzes.

(3) Im Zeitpunkt des Inkrafttretens dieses Bundesgesetzes bereits anhängige Anträge auf Zulassung zur Fachprüfung für Steuerberater und Wirtschaftsprüfer, über die noch nicht rechtskräftig entschieden worden ist, sind nach den Bestimmungen des Wirtschaftstreuhandberufsgesetzes, BGBl. I Nr. 58/1999, zuletzt geändert durch das Bundesgesetz BGBl. I Nr. 50/2016, zu beurteilen, es sei denn, dass der Prüfungskandidat erklärt, den Antrag auf Zulassung entsprechend den Bestimmungen dieses Bundesgesetzes zu stellen. Im Fall der Zulassung nach den Bestimmungen des Wirtschaftstreuhandberufsgesetzes gelten für das Prüfungsverfahren ebenfalls diese Vorschriften, es sei denn, dass der Kandidat innerhalb von sechs Monaten erklärt, seine Prüfungen entsprechend diesem Bundesgesetz abzulegen.

(4) Bereits erteilte Zulassungen zu einer Fachprüfung bleiben in Kraft.

(5) Im Zeitpunkt des Inkrafttretens dieses Bundesgesetzes bereits begonnene Prüfungsverfahren sind nach den Vorschriften des Wirtschaftstreuhandberufsgesetzes zu Ende zu führen, es sei denn, dass der Prüfungskandidat schriftlich binnen sechs Monaten nach Inkrafttreten dieses Bundesgesetzes erklärt, seine Prüfungen entsprechend den Bestimmungen dieses Bundesgesetzes abzulegen.

(6) Prüfungskandidaten, die nach den Bestimmungen des Wirtschaftstreuhandberufsgesetzes Prüfungsteile einer Fachprüfung bereits erfolgreich abgelegt haben, sind bei einem Wechsel in das Prüfungsverfahren nach diesem

Bundesgesetz von der Ablegung der entsprechenden Teile der Fachprüfung nach diesem Bundesgesetz befreit. Nähere Bestimmungen hat die Kammer der Wirtschaftstreuhänder durch Verordnung zu regeln. Über die Befreiungen hat die Kammer mit Bescheid zu entscheiden.

(7) Die bei Inkrafttreten dieses Bundesgesetzes bestellten Prüfungsausschüsse Steuerberater und Wirtschaftsprüfer gelten auch als Prüfungsausschuss im Sinne dieses Bundesgesetzes. Die Vorsitzenden des Prüfungsausschusses Steuerberater und des Prüfungsausschusses Wirtschaftsprüfer gelten als Vorsitzende und deren Stellvertreter als jeweilige Stellvertreter im Sinne dieses Bundesgesetzes. Die bestellten Prüfungskommissäre gelten als jeweils jener Fachprüfung zugeordnet, deren Prüfungsausschuss sie bei Inkrafttreten dieses Bundesgesetzes angehört haben. Die Funktionsdauer bleibt unberührt. Gleiches gilt für die bei Inkrafttreten dieses Bundesgesetzes bestellten Landesprüfungsausschüsse.

(8) Zum Zeitpunkt des Inkrafttretens dieses Bundesgesetzes bereits anhängige Anträge auf öffentliche Bestellung als Steuerberater oder Wirtschaftsprüfer, über die noch nicht rechtskräftig entschieden worden ist, sind nach den Bestimmungen des Wirtschaftstreuhandberufsgesetzes zu beurteilen.

(9) Eine nach den Bestimmungen des Wirtschaftstreuhandberufsgesetzes erfolgreich abgelegte Fachprüfung gilt als Fachprüfung gemäß § 8 Abs. 2.

(10) Berufsanwärter, denen bei Inkrafttreten dieses Bundesgesetzes bereits mit Bescheid die Anmeldebestätigung erteilt wurde, gelten als Berufsanwärter im Sinne dieses Bundesgesetzes.

(11) Die Anerkennungen von Wirtschaftstreuhandgesellschaften, die zum Zeitpunkt des Inkrafttretens dieses Bundesgesetzes anerkannt waren, bleiben nach den Bestimmungen des Wirtschaftstreuhandberufsgesetzes bestehen. Zum Zeitpunkt des Inkrafttretens dieses Bundesgesetzes bereits anhängige Anträge auf Anerkennung als Steuerberatungsgesellschaft oder als Wirtschaftsprüfungsgesellschaft, über die noch nicht rechtskräftig entschieden worden ist, sind nach den Bestimmungen des Wirtschaftstreuhandberufsgesetzes zu beurteilen. Nachfolgende Änderungen in der

Geschäftsführung und der Vertretung nach außen haben den Bestimmungen dieses Bundesgesetzes zu entsprechen.

(12) Die Anerkennungen interdisziplinärer Wirtschaftstreuhandgesellschaften, die zum Zeitpunkt des Inkrafttretens dieses Bundesgesetzes anerkannt waren, bleiben bestehen. Bereits anerkannte Gesellschaften haben die Voraussetzung des § 59 Abs. 1 Z 1 bis längstens ein Jahr und die Voraussetzungen gemäß § 59 Abs. 2 bis längstens ein halbes Jahr nach dem Inkrafttreten dieses Bundesgesetzes zu erfüllen und der Kammer der Wirtschaftstreuhänder nachzuweisen.

(13) Bestehende Geschäftsbeziehungen sind auf risikobasierter Grundlage innerhalb eines Jahres ab Inkrafttreten dieses Bundesgesetzes zu überprüfen.

(14) Im Zeitpunkt des Inkrafttretens dieses Bundesgesetzes bereits anhängige Schlichtungsverfahren sind nach den Vorschriften des Wirtschaftstreuhandberufsgesetzes durchzuführen.

(15) Die Bestimmungen dieses Bundesgesetzes sind auch auf strafbare Handlungen oder Unterlassungen und disziplinär zu verfolgende Handlungen und Unterlassungen anzuwenden, die vor seinem Inkrafttreten begangen worden sind, sofern diese bereits vor Inkrafttreten strafbar waren und dadurch nicht einer strengeren Behandlung unterliegen als nach den bisher geltenden Vorschriften.

(16) Die zum Zeitpunkt des Inkrafttretens dieses Bundesgesetzes bereits anhängigen Disziplinarverfahren sind nach den Bestimmungen des Wirtschaftstreuhandberufsgesetzes zu Ende zu führen. § 130 ist erstmals auf die dem Inkrafttreten nachfolgende Bestellung des Disziplinarrates anzuwenden.

(17) Die §§ 158 Abs. 1 und 4 und 159 Abs. 2 sind ab der dem Inkrafttreten dieses Bundesgesetzes folgenden Funktionsperiode anzuwenden.

(18) Die im Zeitpunkt des Inkrafttretens dieses Bundesgesetzes in Geltung stehende Ausübungsrichtlinie, Fachprüfungs-Zulassungsverordnung, Dienstordnung, Geschäftsordnung, Haushaltsordnung, Umlagenordnung, Prüfungsordnung, Schlichtungsordnung, Satzungen der Vorsorgeeinrichtungen, die Beitrags- und Leistungsordnung und Wahlordnung gelten nach dem Inkrafttreten dieses Bundesgesetzes als bundesgesetzliche Regelungen. Diese

Verordnungen treten mit der Neuerlassung der Ausübungsrichtlinie gemäß § 72, der Fachprüfungs-Zulassungsverordnung gemäß § 13 Abs. 4, der Dienstordnung gemäß § 168, der Geschäftsordnung gemäß § 169, der Haushaltsordnung gemäß § 178 Abs. 1, der Umlagenordnung gemäß § 178 Abs. 1, der Prüfungsordnung gemäß § 39, der Schlichtungsordnung gemäß § 76 Abs. 6, der Satzungen der Vorsorgeeinrichtungen gemäß § 180, der Beitrags- und Leistungsordnung gemäß § 180 und der Wahlordnung gemäß § 187, spätestens jedoch mit Ablauf des 31. Dezember 2017, außer Kraft. Die zum Zeitpunkt des Inkrafttretens dieses Bundesgesetzes in Geltung stehende Dienstordnung ist auf bereits bestehende Dienstverträge weiterhin anzuwenden.

(19) Die Kammer der Wirtschaftstreuhänder gemäß § 151 ist Gesamtrechtsnachfolgerin der gemäß § 145 des Wirtschaftstreuhandberufsgesetzes errichteten Kammer der Wirtschaftstreuhänder.

(20) Anträge auf öffentliche Bestellung als Steuerberater oder Wirtschaftsprüfer von Prüfungskandidaten, die nach den Bestimmungen des Wirtschaftstreuhandberufsgesetzes die Fachprüfung erfolgreich abgelegt haben, sind nach den Bestimmungen dieses Gesetzes zu beurteilen.

(21) Die Kammer der Wirtschaftstreuhänder hat binnen eines Monats ab Inkrafttreten des Bundesgesetzes BGBl I Nr. 42/2023 auf ihrer Website zu verlautbaren, welche zu diesem Zeitpunkt gemäß § 17 Abs. 2 bereits verlautbarten Prüfungstermine auf elektronischem Weg durchgeführt werden. Die gemäß § 17 Abs. 2 bereits verlautbarten Prüfungsorte der betroffenen Prüfungstermine entfallen. Eine Durchführung auf elektronischen Weg darf für bereits verlautbarte Prüfungstermine nur dann festgelegt werden, wenn zwischen der Verlautbarung der elektronischen Durchführung und dem Termin zumindest ein Monat liegt.

Sonderregelungen – COVID-19

§ 239a. *(Anm.: Abs. 1 bis 5 mit 31.12.2022 außer Kraft getreten)*

(6) Die zur selbständigen Ausübung des Wirtschaftstreuhandberufes Steuerberater oder des Wirtschaftstreuhandberufes Wirtschaftsprüfer Berechtigten sind zur Beratung, Vertretung und zur Ausstellung von Bestätigungen und Feststellungen betreffend Maßnahmen im Zusammenhang mit der Bewältigung der

COVID-19-Krisensituation sowie in Angelegenheiten des COFAG-Neuordnungs- und Abwicklungsgesetzes, BGBl. I Nr. 86/2024, und betreffend Förderungen nach dem Unternehmens-Energiekostenzuschussgesetz (UEZG), BGBl. I. Nr. 117/2022) und der aufgrund des § 5 UEZG erlassenen Förderrichtlinien berechtigt.

(7) Im Rahmen der Tätigkeiten gemäß Abs. 6 ist die Haftung des Berufsberechtigten auf Fälle von Vorsatz und grober Fahrlässigkeit, im Falle grober Fahrlässigkeit mit der zehnfachen Mindestversicherungssumme gemäß § 11, höchstens jedoch mit der Höhe des erlangten oder erhaltenen Vorteils oder abgewehrten Nachteils begrenzt, soweit nicht aufgrund ausdrücklicher gesetzlich zwingender Bestimmungen andere Haftungsbeschränkungen anzuwenden sind oder eine Haftungsbegrenzung ausdrücklich ausgeschlossen ist.

Vollziehung

§ 240. (1) Mit der Vollziehung dieses Bundesgesetzes ist, sofern Abs. 2 und 3 nicht anderes bestimmt, der Bundesminister für Arbeit und Wirtschaft betraut.

(2) Mit der Vollziehung der §§ 25 Abs. 4 ist der Bundesminister für Finanzen betraut.

(3) (**Verfassungsbestimmung**) Mit der Vollziehung des § 105 Abs. 1, 2, 5 und 7 ist die Bundesregierung betraut.

Zum Herausgeber:

Ass.-Prof. Dr. Marlon Possard, MSc, MA

Marlon Possard ist Assistant Professor (PostDoc/Habilitand) für die Bereiche Recht, Philosophie und Verwaltung. Er lehrt und forscht am Department für Verwaltung, Wirtschaft, Sicherheit und Politik und am Research Center Administrative Sciences (RCAS) der Hochschule für Angewandte Wissenschaften Campus Wien (HCW). Ebenso lehrt und forscht er am Institut für digitale Transformation und künstliche Intelligenz der Sigmund-Freund-Privatuniversität Wien und Berlin (SFU), wo er das Department für Ethik der Künstlichen Intelligenz leitet. Darüber hinaus ist er Gastforscher an der Harvard University (USA) und Autor zahlreicher Publikationen (120+). | *https://possard.at*

Notizen: